AF468246

UNIVERSITÉ DE FRANCE — FACULTÉ DE DROIT DE LYON

DROIT ROMAIN
DE LA VENTE D'HÉRÉDITÉ

DROIT FRANÇAIS
DE LA CESSION DE DROITS SUCCESSIFS

THÈSE
POUR LE DOCTORAT

SOUTENUE

DEVANT LA FACULTÉ DE DROIT DE LYON

Le 11 Juillet 1881

PAR

JOSEPH QUÉREL

Avocat.

TOURNON

IMPRIMERIE J. PARNIN

Rue Bourbon, 22.

1881

UNIVERSITÉ DE FRANCE — FACULTÉ DE DROIT DE LYON

DROIT ROMAIN

DE LA VENTE D'HÉRÉDITÉ

DROIT FRANÇAIS

DE LA CESSION DE DROITS SUCCESSIFS

THÈSE
POUR LE DOCTORAT

SOUTENUE

DEVANT LA FACULTÉ DE DROIT DE LYON

Le 11 Juillet 1881

PAR

JOSEPH QUÉREL

Avocat.

TOURNON

IMPRIMERIE J. PARNIN

Rue Bourbon, 22.

1881

FACULTÉ DE DROIT DE LYON

MM. CAILLEMER ✻, doyen, professeur de Code civil.
MABIRE, professeur de Code civil.
GARRAUD, professeur de Droit criminel.
APPLETON, professeur de Droit romain.
FLURER, professeur de Droit civil.
THALLER, professeur de Droit commercial.
ROUGIER, professeur d'Economie politique.
ENOU, professeur de Droit administratif.
AUDIBERT, agrégé, chargé du cours de Droit romain.
HANOTEAU, agrégé, chargé du cours de Procédure civile.
COHENDY, agrégé, chargé du cours de Législation industrielle.
LESEUR, agrégé, chargé du cours d'Histoire générale du droit.
SAUZET, agrégé, chargé des Conférences de quatrième année.
BECQ, Secrétaire, Agent comptable.

MM. MABIRE, *Président*.

APPLETON, FLURER, HANOTEAU, LESEUR, *Suffragants*.

A LA MÉMOIRE DE MON PÈRE

A MA MÈRE

A MES AMIS

DROIT ROMAIN

DE LA VENTE D'HÉRÉDITÉ

Dig. 18. 4. De hered. vel. act. vend.
Code 4. 39 id. id.

La transmission des *sacra privata* avait une grande importance dans l'ancienne Rome ; toute la préoccupation du *paterfamilias*, était de s'assurer avant sa mort que la célébration du culte domestique serait continuée par son successeur. Il avait donc tout intérêt à désigner lui-même ce dernier : c'est ce qui explique la faveur dont était entourée à Rome l'institution d'héritier, et le point d'honneur que tout Romain mettait à ne pas mourir intestat.

On comprend dès lors que si l'institué avait pu, avant de faire adition, se dépouiller de la qualité d'héritier et en passer les charges à un tiers, l'intention du testateur eût été impunément violée : aussi cette qualité d'héritier institué était-elle incessible et intransmissible.

La célébration du culte privé, qui y est rigoureusement attachée, n'est pas d'ailleurs seule à expliquer ce résultat. Il faut dire aussi que l'institué tient de l'acte testamentaire une vocation personnelle qui lui permet d'acquérir l'hérédité en faisant adition : s'il prédécède, son droit disparaît avec lui, *a fortiori* ne peut-il pas céder à titre particulier à un tiers sa vocation héréditaire. C'est l'idée formellement exprimée par Gaius au Comm. III. § 86 : « *Testamento « scriptus heres ante aditam hereditatem cedendo « nil agit.* »

Est-ce à dire cependant que le droit romain n'ait pas admis que l'héritier, légitime ou testamentaire, pût jamais transférer à un tiers ses droits héréditaires, avec les bénéfices ou les charges qu'ils pouvaient comporter ? Non sans doute, et il y avait, du moins à l'origine, un mode de translation de propriété qui se prêtait à une cession en bloc de droits successifs : c'était l'*in jure cessio*, sorte de procès fictif où figuraient trois personnages, « *Quæ fit per tres personas, in jure cedentis, vindicantis, addicentis* », et qui servait à l'aliénation même des choses incorporelles. Il y avait au reste des distinctions à faire, et ce mode de translation produisait plus ou moins d'effet, suivant que l'héritier était légitime ou testamentaire, externe ou nécessaire, ou suivant que la cession précédait ou suivait l'adition.

Passons en revue ces diverses hypothèses ; nous tâcherons ensuite d'expliquer les différentes solutions dont elles ont été l'objet :

1° Le cédant est un héritier testamentaire externe qui n'a pas encore fait adition : La cession est nulle, nous l'avons vu ; le cessionnaire ne devient pas héritier et l'institué reste libre de faire ou non adition ; sinon on serait allé contre la volonté expresse du défunt, et on aurait ruiné la faculté de substitution si précieuse au testateur.

2° Le cédant est un héritier légitime externe qui n'a pas encore fait adition : C'est l'hypothèse où l'*in jure cessio* produit tous ses effets. La cession est alors parfaite. On peut même dire que le cessionnaire acquiert plus que n'avait le cédant : celui-ci n'avait qu'une simple vocation, le cessionnaire recueille non-seulement cette vocation, mais aussi la masse héréditaire, comprenant les créances et les dettes, les *corpora* et les *sacra*. L'*addictio,* qui l'a investi du droit héréditaire, a obligé envers lui les débiteurs de la succession et l'a obligé lui-même envers les créanciers. Tout se passe comme si le cessionnaire avait fait adition *jure proprio :* « *haud perinde* « *heres fit*, dit Ulpien (XIX. 14), *ac si ipse heres* « *legitimus esset,* » et il en résulte que le cédant devient complètement étranger à l'hérédité.

3° Le cédant est un héritier externe, légitime ou testamentaire, qui a fait adition : Les jurisconsultes romains font ici des distinctions bien difficiles à justifier au premier abord. Ils décomposent l'acte et font comme s'il y avait trois cessions distinctes, l'une pour les choses corporelles, l'autre pour les créances, la troisième pour les dettes. Les *corpora* deviennent la propriété du cessionnaire *quasi singula in jure cessa essent.* Les créances s'éteignent, car la cession est impuissante à déplacer des droits personnels. Enfin les dettes subsistent, mais elles continuent de grever le cédant, en vertu du principe que nul ne peut être tenu malgré lui de changer de débiteur. « *Quod si posteaquam heres extiterit,*

« *cesserit,* disent les textes (Gaius II. 35 ; III. 85. « Ulp. XIX. 14), *nihilominus ipse permanet heres et « ob id a creditoribus tenebitur ; debita vero pereunt « eoque modo debitores hereditarii liberantur, cor- « pora vero perinde transeunt ad eum cui cessa est « hereditas ac si ei singula in jure cessa essent.* »

4° Le cédant est un héritier sien et nécessaire, c'est-à-dire dès le décès instantanément saisi de la succession : une grande controverse régnait sur ce point dans le droit classique.

Les Proculiens assimilaient ce cas au précédent et traitaient cette cession comme celle émanée d'un héritier volontaire qui a fait adition. Les Sabiniens au contraire prétendaient que la cession était radicalement nùlle. Cette dernière opinion est incontestablement la plus rationnelle et la plus conforme aux principes admis dans la matière ; mais il faut bien reconnaître que ses partisans ne sont pas très-logiques ; quel interêt peut-il y avoir en effet à distinguer selon que l'héritier est saisi de plein droit ou par une adition volontaire, *utrum pro herede gerendo heres fiat an juris necessitate?* Gaius lui-même semble donner tort sur ce point à ses précepteurs (III. 87.).

Ces divers résultats paraissent tout d'abord singuliers et dans tous les cas peu compatibles avec la nature de l'*in jure cessio,* dont on va jusqu'à faire un mode d'extinction des obligations, alors que par sa nature même elle n'est qu'un mode d'acquisition de la propriété. Néanmoins il n'est peut-être pas impossible d'en donner une explication satisfaisante.

Que l'héritier testamentaire ne puisse pas céder ses droits avant l'adition, on le comprend aisément : le respect de la volonté du défunt et le caractère essentiellement personnel de l'institution, imposaient déjà cette solution ; mais on peut encore y joindre les considérations suivantes.

L'*in jure cessio,* appliquée à notre matière, n'est que l'image d'un procès, d'une sorte de pétition d'hérédité : celui qui y joue le rôle de cessionnaire se prétend maître de l'hérédité, le prétendu cédant ne contredit pas, et le préteur consacre cet état de choses. Ceci étant donné, s'il avait été possible à l'héritier testamentaire de céder ses droits avant d'avoir fait adition, l'héritier légitime dont le droit s'ouvre à son défaut, aurait vu ses prétentions paralysées par l'autorité de la chose jugée qui protége celui qui a plaidé avec le vrai héritier institué. Il ne pouvait pas en être ainsi, et on avait décidé qu'en cédant, l'institué ne changeait rien à sa situation, qu'il restait maître d'accepter encore ou de répudier en vertu de sa vocation personnelle, mais que sa renonciation ne pouvait qu'ouvrir les droits de l'héritier légitime.

Il en était tout autrement de l'héritier légitime non nécessaire qui, avant d'avoir fait adition, cédait *in jure* l'hérédité à un tiers ; c'était, nous l'avons vu, le seul cas où l'*in jure cessio* transférait avec l'hérédité le *nomen hereditarium.* Ce résultat s'explique tout aussi bien, si l'on réfléchit qu'à Rome la renonciation de cet héritier n'investissait personne, pas même les agnats du degré subséquent, que l'hérédité devenait *res nullius* et que par suite nul ne pouvait invoquer un droit meilleur que celui qui tenait le sien de l'héritier désigné par la loi.

Mais lorsque l'héritier externe, soit légitime, soit testamentaire, a fait adition, il a beau céder ses droits héréditaires, il reste irrévocablement lié envers les créanciers, dont il ne lui appartient plus de changer la situation. Par contre les débiteurs héréditaires sont libérés à son égard, puisqu'en cédant il a implicitement renoncé aux bénéfices attachés à sa qualité et que d'ailleurs aux termes de la déclaration solennelle du juge il a cessé d'être propriétaire des créances de la succession ; et ils ne sont pas obligés envers le cessionnaire, puisque la cession n'a pu déplacer des droits personnels. Mais comme en définitive l'*in jure cessio* doit produire un effet, et que par l'adition les choses héréditaires sont devenues les choses de l'héritier, celui-ci aura parfaitement pu en disposer, et les *corpora* deviendront la propriété du cessionnaire, sans qu'il soit besoin de recourir à la translation de chaque objet en particulier *(quasi singula in jure cessa essent)* : cette cession devant le magistrat avait en effet sur les autres modes de translation de la propriété, l'avantage de pouvoir s'appliquer à une *universitas rerum* tout aussi bien qu'aux choses singulières.

L'*in jure cessio*, du moins comme mode de translation à titre universel, disparut bientôt de la pratique. si bien que les Pandectes n'y font plus aucune allusion.

Il faut chercher la raison de cette disparition d'abord dans l'abolition des *sacra privata*, ensuite dans la faculté bientôt admise de faire d'une hérédité l'objet d'un contrat de vente ou de tout autre convention à titre gratuit ou à titre onéreux. Mais cette aliénation volontaire sera bien différente de l'ancienne *in jure cessio* : celle-ci établissait une *per universum successio*, celle-là laissera le vendeur héritier et ne transmettra à l'acheteur que les bénéfices ou les charges attachés à cette qualité : l'une consommait l'aliénation, l'autre ne constituera qu'une juste cause pour y parvenir : l'*in jure cessio* produisait plus ou moins d'effet suivant qu'il y avait eu ou non adition ; dans la vente du droit nouveau, il sera indifférent que l'hérédité ait déjà été acquise par le vendeur, ou qu'elle lui soit simplement déférée : le droit d'hérédité est à juste titre regardé comme un droit patrimonial absolu, susceptible dans un cas comme dans l'autre d'être aliéné *a priori*, et transféré à une autre personne soit à titre gratuit soit à titre onéneux.

C'est cette vente d'hérédité qui va faire l'objet de notre étude.

A cet égard nous aurons à nous demander successivement :

1° Quelle hérédité peut-on vendre ?

2° Quels sont les effets de la vente *inter partes* ?

3° Quels en sont les effets à l'égard des tiers?

CHAPITRE Ier

Quelle hérédité peut-on vendre ?

L'ancien droit romain prohibait toute convention relative à la succession d'une personne vivante : « *nulla est viventis hereditas.* » Un pareil pacte était considéré comme contraire aux mœurs et n'était même pas permis en faveur du mariage (C. 15 de pactis ; D. l. 1 de hered. vel act. vend. 18. 4). Il y avait une double sanction: 1° la nullité des pactes (C. 4 de inut. stip.) ; 2° l'indignité de succéder. Justinien modifia profondément cette législation et décida que le pacte portant sur une succession future serait valable quand la personne de la succession de laquelle il s'agissait aurait donné son consentement, et ne l'aurait pas retiré avant son décès.

Disons du reste que cette restriction à l'ancienne prohibition n'a été admise ni par notre ancien droit ni par les rédacteurs du Code Civil.

La vente supposant nécessairement l'objet vendu, il faut, pour que la vente de droits successifs soit valable, qu'il y ait en réalité une succession ; si elle n'existe pas, le contrat est nul faute d'objet, et l'acheteur a une *condictio sine causa* à l'effet de répéter le prix et les loyaux coûts du contrat, comme payés sans cause : « *res si non sit, non contrahitur emptio et ideo* « *pretium condicetur.* » (D. l. 7 de h. vel act. vend.)

Qu'arrivera-t-il si Primus a vendu une hérédité actuellement ouverte, mais ne lui appartenant pas ? Chez nous l'art. 1599 recevrait sans aucun doute son application, mais on sait qu'à Rome on pouvait parfaitement vendre la chose d'autrui : « *Rem alienam* « *distrahere quem posse nulla dubitatio est.* » (D. l. 28 de contrah. empt. 18. 1.) Les contrats, en droit romain produisaient des obligations seulement, et non des translations de propriété, et la circonstance que la chose appartenait à autrui n'empêchait pas le vendeur de contracter, au sujet de cette chose, toutes les obligations constitutives de la vente : seulement pour régler les effets d'un pareil contrat, il y aura lieu de rechercher si l'acheteur a été trompé ou non par le vendeur sur ce fait que la chose vendue appartenait à autrui. Si le vendeur n'était pas appelé à la succession qu'il a aliénée de très-bonne foi comme sienne, ou s'il a vendu une part plus forte que celle qu'il devait recueillir, le contrat reste valable en tant que prodnctif d'obligations *inter partes*, et le vendeur est tenu de faire avoir à l'acheteur la valeur estimée de l'hérédité ou de la part héréditaire qui lui échappent, et sur lesquelles il a dû légitimement compter (D. l. 8, h. tit). Mais si le vendeur savait dès le moment de la vente qu'il n'avait aucun droit, en un mot s'il a vendu sciemment une hérédité dévolue à autrui à un acheteur qui ignorait ce fait, comme la vente est un contrat de bonne foi et que les parties y sont responsables de tout dol commis par elles, l'acheteur aura dans ce cas contre le vendeur l'action *ex empto* pour se faire indemniser de tout ce qu'il lui importait que la chose devînt sa propriété : « *si sciens alienam rem ignoranti*

« *mihi vendideris*, *utiliter ex empto me acturum* « *in id quanti mea intersit meam esse factam.* » (D. l. 30, 1 de act. empt. 19, 1 ; l. 12. D. h. tit.)

Jusqu'ici nous avons maintenu le contrat de vente comme reposant sur un objet déterminé, mais si la vente d'hérédité s'est faite alors que non seulement le vendeur n'était pas appelé à une hérédité, mais que même il n'y avait aucune succession que les parties pussent avoir en vue, dans ce cas il n'y aurait pas à tenir compte d'un contrat nul faute d'objet, et le vendeur serait condamné à rendre à l'acheteur son prix.

Le vendeur a pu toutefois déclarer qu'il cédait ses droits dans telle succession, s'il s'en trouvait avoir, sans aucune garantie de sa part, — « *si quid juris* « *esset venditoris venire, nec postea quidquam* « *præstitu iri* » l. 10. h. tit : — dans ce cas la vente a un objet, « *quasi alea emitur* » ; on comprend dès lors que le risque soit couru par l'acheteur et que, si les prétentions vendues ne se réalisent pas, il n'ait droit à aucune restitution, pas même celle du prix, *non enim hereditas sed spes hereditatis veniit*, (D. l. 11 et 12. h. tit.).

Nous aurons d'ailleurs à revenir sur ces règles quand nous traiterons de l'obligation de garantie qui incombe au vendeur.

CHAPITRE II

Quels sont les effets de la vente d'hérédité

INTER PARTES?

L'emptio-venditio, appliquée aux droits héréditaires, crée entre les parties contractantes des rapports obligatoires, qui obéissent d'ailleurs, sauf certaines particularités, aux règles générales des obligations.

Nous aurons à examiner successivement les obligations du vendeur d'hérédité et celles de l'acheteur.

§ 1er.

Des obligations du vendeur.

Le but et la nature même de l'opération intervenue entre les parties indiquent que le vendeur doit être tenu de faire avoir à l'acheteur, contre le prix d'achat, tout l'émolument attaché au droit héréditaire vendu, et de le mettre dans la même situation que s'il eût personnellement hérité *a priori.*

L'acheteur acquiert donc tous les droits qu'aurait eus l'héritier, s'il n'avait pas vendu : « *Id inter* « *ementem et vendentem agatur*, *ut neque amplius*

« *neque minus juris emptor habeat quam apud* « *heredem futurum esset.* » (D. l. 2 pr., h. tit.)

C'est cette règle qui nous servira de criterium dans la solution des diverses questions que nous aurons à nous poser au sujet des obligations du vendeur d'hérédité et qu'on peut du reste grouper sous les deux idées générales de délivrance et de garantie.

I. Obligation de délivrance. — L'acquéreur a droit aux choses comprises dans l'hérédité à l'ouverture de la succession, à celles en faisant partie lors de la vente, à celles même qui s'y réuniront après la vente (D. l. 2 § 1. h. t.). Le vendeur, dont la première obligation est de *rem emptori habere licere,* sera tenu en conséquence de livrer les choses dont il est propriétaire comme héritier, telles qu'elles se trouvent lors de la vente, avec les accessoires et tout ce qui a pu provenir au vendeur du chef de l'hérédité : ceci doit s'entendre des fruits naturels ou civils qu'il aurait perçus, des créances héréditaires dont il aurait exigé le remboursement, du prix des objets vendus, et en général de tout ce qui est venu accroître depuis le décès la masse héréditaire : alluvion, retour d'usufruit, part d'esclaves, acquisitions faites par l'esclave d'une hérédité jacente, etc., etc...

L'obligation de livrer implique celle de conserver jusqu'à la tradition ; mais comme l'héritier vendeur reste propriétaire des choses héréditaires jusqu'à la livraison, il a pu valablement revendre un objet de la succession à un tiers, et lui en transférer la propriété par la tradition ; sans doute si la vente des droits successifs n'avait été faite que depuis que l'héritier avait aliéné l'effet, celui-ci ne serait débiteur que du prix envers l'acquéreur héréditaire ; mais comme on suppose que cette vente a eu lieu avant que l'héritier n'ait touché et aliéné l'effet, c'est de l'objet lui-même qu'il devra être déclaré débiteur, et l'acheteur de l'hérédité aura droit à la valeur de ce qui n'a pu lui être livré. Et la loi 2 § 10 h. t. en tire cette déduction que si l'héritier a subi, en conséquence de cette revente d'un objet héréditaire, quelque condamnation, il n'aura point d'action contre l'acheteur d'hérédité en remboursement de ce qu'il aura pu payer de ce chef, car ce n'est pas en sa qualité d'héritier, mais uniquement en sa qualité de vendeur qu'il a été condamné.

La même hypothèse présente un autre interêt : on sait que, dans la vente des choses particulières, la règle est que la perte par cas fortuit de l'objet vendu est pour l'acheteur, à moins que le vendeur n'ait été mise en demeure d'en faire la tradition : si donc un objet héréditaire a été revendu à une autre personne qui en a payé le prix, et que cet objet ait péri avant que le vendeur ait été mis en demeure de le livrer au premier acquéreur, le vendeur sera libéré envers ce dernier, tout comme s'il n'y avait pas eu revente : c'était en effet la chose même qui a péri qu'il lui devait, et non le prix payé par le deuxième acheteur, car ce prix ne revient pas au vendeur comme un fruit de la chose vendue, mais simplement à cause de la convention qu'il a faite avec lui : « *pretium enim non ex re sed propter* « *negotiationem percipitur.* »

Mais s'il s'agit de vente de droits successifs, cela ne se passe plus absolument ainsi : la nature même de l'opération se prête à ce que l'héritier, qui a vendu son droit héréditaire et qui revend ensuite à un autre un objet qui lui est provenu de la succession, soit réputé avoir géré les affaires de l'acheteur de l'hérédité plutôt qu'avoir fait celles de la succession : la présomption dans cette matière est qu'il s'est engagé à rendre à l'acheteur tout ce qu'il aura acquis en sa qualité d'héritier, et il serait difficile de ne pas y comprendre, malgré la perte de l'objet revendu, le prix qui lui a été payé. (D. l. 21. h. t.).

Si, avant la vente, les choses héréditaires ont péri ou ont été détériorées, fût-ce par la faute de l'héritier, ce dernier n'en devra aucun compte à l'acheteur de l'hérédité, car à cette époque il était propriétaire et avait par suite *le jus utendi et abutendi*; aussi, lorsque la loi 2 § 5. h. t. décide que l'acheteur aura droit à être indemnisé du dol de l'héritier, soit qu'il ait aliéné quelques effets de la succession ou qu'il ait libéré un débiteur, soit qu'il ait négligé d'acquérir ou de recouvrer la possession d'objets dépendant de la succession ou qu'il ait occasionné des pertes ou des détériorations, il faut évidemment l'entendre de l'époque postérieure à la cession : un propriétaire qui sacrifierait à ce point ses intérêts commettrait peut-être des actes de folie, mais assurément il ne se rendrait pas coupable de dol.

Si un héritier a vendu ses droits successifs et qu'avant la tradition il ait été dépouillé par violence ou par vol d'un objet héréditaire, il sera en sûreté vis-à-vis de l'acheteur, pourvu qu'il ait mis à la garde de la chose tout le soin d'un bon père de famille : il n'est plus obligé de livrer la chose même à l'acheteur puisqu'il a cessé de la posséder sans sa faute, et que depuis la vente les risques sont à la charge de ce dernier, mais il n'en reste pas moins tenu de lui transporter les actions nées du vol, ou ce qu'il aura recueilli en les exerçant lui-même, *nam et aream tradere debet exusto ædificio*. (V. L. 21 *in fine* D. h. t. — l. 14 pr.

De furt. D. 47,2 — l. 35 § 4. De contr. empt. D. 18,1). Et tandis que dans la vente d'une *res singularis*, ce résultat paraît peu conforme aux principes, en ce sens que le vendeur, qui n'aura pas à souffrir du vol, puisqu'il pourra, malgré la perte de la chose, exiger de l'acheteur le paiement du prix, ne devrait pas à ce titre exercer l'action *furti*, il s'acorde au contraire très bien avec les règles qui régissent la vente d'hérédité, et d'après lesquelles le vendeur doit procurer à l'acheteur tout le bénéfice qu'il a pu réaliser à l'occasion de la succession.

Si le vol a précédé la vente, il y a lieu par contre de distinguer les deux hypothèses : pendant qu'il est impossible de s'obliger *ex vendito* sur une chose particulière volée (l. 34 § 3 de contr. empt. D. 18,1) on peut très bien concevoir que l'héritier, auquel on a dérobé un objet héréditaire, vende ensuite l'hérédité : il est juste alors et conforme aux principes de la matière que si l'acheteur a compté sur l'objet volé, il obtienne soit la cession des actions nées du vol, soit le résultat de leur exercice par le vendeur.

La loi 2 § 3 h. t. décide de même que pour les choses dont l'héritier aurait fait donation antérieurement à la vente d'hérédité, la valeur en serait due par l'acheteur, — « *sed et rerum ante venditionem dona-* « *tarum pretia præstari æquitatis ratio exigit.* » On en a donné pour raison que l'heritier a tiré profit de l'opération en ménageant d'autant sa fortune personnelle, mais on n'a pas réfléchi que l'héritier n'eût probablement pas fait ces largesses si les forces de la succession n'étaient pas venues augmenter les siennes propres. Il vaut mieux dire que l'acheteur a dû nécessairement compter sur tous les biens qui dépendaient de l'hérédité ou sur leur valeur, qu'il ne pouvait supposer que l'héritier les aurait aliénés gratuitement, et qu'en tous cas il aurait dû être prévenu par son vendeur.

De même si celui-ci a aliéné des effets héréditaires avant la cession de droits successifs, et qu'il en ait reçu le prix, il est absolument certain qu'il en doit compte à l'acheteur, puisque c'est à titre d'héritier qu'il s'est enrichi de cette valeur. Et s'il n'a pas encore reçu le prix, il est de toute équité qu'il cède à l'acheteur l'exercice des actions qu'il a de ce chef, ou qu'il cautionne la restitution du prix à ce dernier.

Le vendeur de droits successifs devra encore transporter à l'acheteur tant les créances provenant directement de la succession, que les actions qu'il a acquises de son chef, par suite d'engagements contractés à son profit par les débiteurs héréditaires, relativement à ces mêmes créances : telle serait, par exemple, l'action née d'un cautionnement fourni par ceux-ci à l'héritier, ou celle résultant d'une novation conventionnelle ou judiciaire par laquelle l'obligation originaire aurait été modifiée (l. 2 § 8. D. h. t.) Il importe d'ailleurs d'établir à cette occasion que l'héritier ne répond nullement de la solvabilité des débiteurs héréditaires.

Le transport doit aussi comprendre toutes les actions relatives à la succession, notamment l'action en partage (*familiæ erciscundæ*) et la pétition d'hérédité.

Pour compléter l'étude de l'obligation de délvrance qui incombe au vendeur, nous avons à examiner quelques hypothèses prévues par notre titre au Digeste, et dont la plupart sont spéciales au droit romain.

On s'est demandé si le vendeur de droits successifs devait tenir compte à l'acheteur de ce que son fils ou son esclave, qui était sous sa puissance, pouvait devoir à la succession vendue ? Ulpien se prononce pour l'affirmative et déclare l'héritier tenu à raison et jusqu'à concurrence de ce qui se trouverait dans le pécule de l'*alieni juris*, ou du profit qu'il en aurait retiré : « *quidquid duntaxat de peculio filii servive,* « *aut in suam rem versum inveniatur, præstare* « *eum debere.* » (D. l. 2 § 6 h. t.; D. l. 37 de pecul ; Inst. 4. 7. 4.)

L'acheteur a-t-il aussi le droit de réclamer à son vendeur, héritier institué, ce qui lui est revenu de la succession de l'impubère auquel il était en même temps substitué ? Ulpien, dans la loi 2 § 2 h. t., décide que le profit de la substitution ne doit pas être considéré comme compris dans la vente, car s'il n'y a qu'un seul testament, il y a cependant deux successions bien distinctes, celle du père et celle du fils impubère. On respectera d'ailleurs la volonté contraire des parties, on la présumera même si la vente a suivi l'ouverture de la succession de l'impubère.

Dans un même ordre d'idées, il importe de savoir à qui reviendra, de l'acheteur ou du vendeur, la part accrue depuis la vente, par suite par exemple de la renonciation d'un cohéritier ? L'accroissement va au vendeur, a-t-on dit, car on ne peut guère supposer qu'il ait entendu vendre une chose qui non seulement ne lui appartenait pas encore, mais qu'il ne prévoyait même pas devoir lui appartenir. D'ailleurs, ajoute-t-on, le prix a été fixé en rapport avec la part héréditaire présente, et il n'est pas à présumer que l'héritier, sans s'expliquer, ait voulu comprendre dans la chose vendue une chance qui devait avoir une grande influence sur le prix, et qui l'aurait certainement modifié si elle se fût réalisée avant la vente.

Nous répondrons que les principes qui régissent la

vente d'hérédité autorisent complètement l'attribution à l'acheteur de la part accrue depuis la vente. L'acquéreur n'a-t-il pas droit d'une part à tout ce qui proviendra de l'hérédité qui a fait l'objet du contrat, et l'accroissement est-il autre chose que le développement légitime et naturel du droit héréditaire vendu? On peut d'autant moins en douter que, suivant les règles romaines, il doit s'opérer *portionis portioni* dans les legs de propriété, par opposition aux legs d'usufruit où il s'opère *portionis personæ* (l. 33 D. *de usufr*. 7. 1.) Ce dernier texte le compare même à une sorte d'alluvion, qui vient grossir la part héréditaire et se confondre dans elle. D'autre part, s'il est vrai qu'on n'ait pas prévu cet événement lors du contrat, n'est-il pas justement de l'essence même de la vente d'hérédité de revêtir un caractère aléatoire et d'embrasser le futur et même l'imprévu? Nous trouvons du reste en faveur de notre solution des arguments d'analogie soit dans le cas de confiscation au profit du Trésor des droits héréditaires, où l'accroissement va aussi au fisc et ne reste pas à l'indigne, soit dans le cas de fidéicommis, où l'accroissement va non pas au fiduciaire contraint par le préteur à faire adition, mais bien au fidéicommissaire (l. 43 D *ad sen-c Trebell*). N'y a-t-il pas enfin une raison de décider ainsi dans la loi 2 § 2 de notre titre, qui ne refuse à l'acheteur le bénéfice de la succession de l'impubère échue au vendeur substitué, que parce qu'il y a deux successions, et n'est-on pas en droit d'en conclure *a contrario* que lorsqu'il s'agira d'un bénéfice analogue, échu dans une même succession, comme l'accroissement, l'acheteur devra de même être appelé à en profiter?

Il résulte par contre de la loi 2 § 7 D. h. t. que le vendeur n'aurait pas à restituer à l'acheteur ce qu'il aurait reçu d'une personne se croyant à tort débitrice de la succession.

On suppose enfin que le vendeur s'est réservé un fonds de la succession, et on décide qu'il devra compte à l'acheteur de ce qu'il aura acquis depuis à l'occasion de ce fonds, l'acquisition paraissant provenir de la succession vendue, tout comme s'il n'y avait pas eu de résrve faite dans la vente. (l. 25 D. h. t.) Cette décision s'adapterait pleinement aux fruits du fonds, perçus avant la vente, et dont la perception même a fait des objets distincts du fonds réservé. Mais le texte se place après la vente, et nous devrons alors supposer que le fonds réservé limitait un fleuve, et que ce fleuve a abandonné en entier son lit ordinaire ou qu'une île s'est formée au milieu de son cours : ce qui sera attribué de ce chef au champ riverain profitera à l'acheteur d'hérédité et non à l'héritier, bien que propriétaire actuel de la chose qui aura occasionné le profit.

II. — Obligation de garantie. — C'est la deuxième obligation du vendeur d'hérédité. Nous savons déjà à cet égard que si la vente porte sur de simples prétentions que le vendeur a sur telle hérédité — « *quidquid juris haberet* ». — celui-ci n'est tenu à aucune garantie, car on n'a stipulé que sur l'espérance d'une succession, « « *quasi spes hereditatis, incertum rei ut in retibus,* » (Ulp. l. 11. D. h. t.). Mais si la succession existe, et qu'il ne soit pas convenu qu'on ne vendait que les droits incertains qu'on pouvait y avoir, les principes reprennent leur empire, et le vendeur aura à garantir sa qualité d'héritier, « *heredem se esse* « *tunc præstare debet* » (l. 13 D. ib.) Mais il n'aura à garantir que cette qualité, sans avoir à répondre ni de l'éviction des choses particulières, ni à plus forte raison de leurs défauts : « *satisdare de evictione non* « *debet ; plane de facto suo venditor satisdare cogen-* « *dus est.* » (l. 2 pr. D. h. t.) Un tiers pourra donc revendiquer avec succès un objet héréditaire, sans que l'acheteur puisse se retourner contre l'héritier, car l'éviction ne prouve qu'une chose, c'est que l'objet réclamé avait été à tort compris dans la vente.

Il y a toutefois une exception à cette dernière règle, et lorsque les objets composant l'hérédité vendue auront été spécifiés par le vendeur, il en devra garantie : « *quanta hereditas nil interest*, disent les lois 14 § 1 et 15 de notre titre, « *nisi de substantia ejus affirmaverit.*»

Dans tous les cas le vendeur est tenu à la garantie de ses faits personnels : c'est un principe général, indépendant de l'objet du contrat et des chances qui y sont attachées, et à ce titre il est applicable à la vente d'hérédité comme à tout autre vente.

Le vendeur, disons-nous, doit garantir sa qualité d'héritier : si cette qualité lui fait défaut, quelles conséquences devrons-nous y attacher ? Comme nous avons déjà eu occasion de le constater, la loi 8 D. *De hered. vend.* faisait une distinction : l'hérédité vendue existait-elle, mais au profit d'un autre que le vendeur, celui-ci devait être condamné à en payer la valeur au cessionnaire ; la succession était-elle purement imaginaire, il devait restituer le prix et des dommages-intérêts. Cette doctrine s'expliquait très bien dans une législation qui exigeait d'une part qu'il y ait une hérédité pour que la vente en soit valable, mais qui d'autre part n'exigeait pas que cette hérédité appartînt au vendeur pour qu'on pût s'obliger à son égard. Nous verrons que les choses ne se passent plus ainsi dans notre droit, où l'acheteur peut toujours réclamer au moins le prix comme payé sans cause, étant donné que la vente doit être translative de propriété, et qu'elle est nulle lorsqu'elle porte sur une chose qui appartient à autrui.

De ce que le vendeur doit garantir sa qualité d'héritier, on a été amené à conclure que si un fidéicommissaire, auquel la succession a été remise en vertu du sénatus-consulte Trébellien, vendait ses droits successifs comme s'il était hérititier direct, il serait condamné à indemniser l'hacheteur de tout l'interêt qu'il pouvait avoir à ce que son vendeur eût la qualité qu'il affectait d'avoir. (L. 16 D. h. t.).

III. L'opération ayant précisément pour but de procurer à l'acheteur tout l'émolument héréditaire, et de faire que tout se passe comme si celui-ci eût hérité de prime abord, on conçoit que les droits qui se sont éteints par confusion pour ou contre le vendeur doivent être rétablis pour ou contre l'acheteur.

Ainsi un débiteur a succédé à son créancier; il vend ensuite l'hérédité, il est forcé de payer à son acheteur la dette dont il était tenu envers le défunt, et que la confusion avait éteinte: cela ne fait pas de difficulté. (L. 20 § 1 D. h. t.)

L'espèce prévue par le *pr.* de la même loi est beaucoup plus compliquée;

« *Si hereditatem mihi Lucii Titii vendideris, ac* « *post debitori ejusdem heres existas, actione ex* « *empto teneberis.* »

« Si vous m'avez vendu vos droits dans la succession « de Lucius Titius, qui avait un débiteur dont vous « êtes depuis devenu l'héritier, je puis intenter contre « vous l'aetion *ex empto* pour me faire payer de cette « dette de la succession que vous m'avez vendue. »

Ainsi vous me vendez l'hérédité de Titius, dont vous êtes l'héritier et avec lequel vous n'avez aucun rapport d'obligation ; mais au nombre des créances de cette succession s'en trouve une contre Seius, dont vous devez me procurer le bénéfice, comme de toutes les autres, soit en me donnant le mandat de poursuivre, soit en me tenant compte de ce que vous aurez touché vous-même. Sur ces entrefaites vous succédez à Séius débiteur, et la confusion s'opère, puisque la vente que vous m'avez faite vous laisse avec la qualité d'héritier celle de titulaire de la créance. Nous appliquons alors la règle que la confusion est considérée comme non avenue entre nous, vendeur et acheteur; vous continuez à me devoir le bénéfice de la créance contre Séius, puisque je dois être traité comme si j'avais succédé directement au défunt Titius, et qu'il est juste d'ailleurs que je recouvre une valeur sur laquelle j'avais dû nécessairement compter lors de la fixation du prix de vente, antérieure à la confusion produite. Seulement comme la confusion conserve son effet extinctif en dehors de nos relations contractuelles, et que nous ne saurions user entre nous des actions primitives qu'elle a éteintes, c'est par l'action *ex empto*, spéciale à notre contrat, que je devrai obtenir de vous cette valeur. Et de ce que la confusion n'est annihilée que dans les rapports des parties, et par l'effet propre du contrat qui existe entre elles, on peut à bon droit conclure que le fidéjusseur, attaché à l'obligation confondue, restera libéré par l'effet de la confusion : la vente d'hérédité est en effet pour lui *res inter alios acta*.

En vertu des mêmes principes, l'héritier sera tenu de rétablir au profit de l'acheteur les servitudes dues par son fonds à un des biens héréditaires vendus.

IV. — Jusqu'ici nous avons raisonné sur l'hypothèse d'une hérédité acquise, mais nous savons que dans le droit nouveau on peut tout aussi bien vendre une hérédité simplement déférée : dans ce cas la vente oblige le vendeur à acquérir l'hérédité, afin d'être à même de remplir les prestations que nous venons d'examiner.

V. — Dans le dernier état du droit, alors que le *jus civile* avait accepté du droit des gens et avait érigé en contrat la simple convention de vente, l'action *ex empto* avait fini par embrasser tous les éléments de la vente et par permettre à l'acheteur de poursuivre judiciairement l'exécution de toutes les obligations imposées au vendeur. Le caractère de bonne foi, qui y était attaché, et la possibilité par le juge de former sa sentence *ex æquo et bono,* avaient donné à cette action une étendue illimitée, qui permettait d'y comprendre la poursuite de tous les résultats que le contrat devait équitablement produire au profit de l'acheteur. Mais il n'en avait pas toujours été ainsi : à l'époque où le contrat consensuel n'était pas encore admis, ou bien où les principes, quant aux obligations qu'il devait produire, n'avaient pas encore de caractère bien défini, les parties en présence y suppléaient par le contrat *verbis.* Ainsi l'acheteur stipulait la dation de la chose, ce qui emportait pour le vendeur obligation de lui en transférer la propriété (l. 25 § 1. D. *de contr. empt.* 18.1); il stipulait que le vendeur lui livrerait la possession libre — *vacuam possessionem* — (l. 3 § 1. D. *de act. empt.* 19. 1), ou bien qu'il le garantirait de l'éviction ou des défauts de la chose par la restitution du double du prix (*duplæ stipulatio*). De même dans la vente d'hérédité il intervenait des stipulations réciproques, connues sous le nom : de *emptæ et venditæ hereditatis stipulationes :* ces arrangements avaient ici une utilité spéciale, en ce sens qu'aux yeux du droit civil, l'héritier est et doit rester le continuateur exclusif de la personne juridique du défunt, et que seul il doit avoir à ce titre les actions tant actives que passives qui résidaient en la personne du *de cujus*. Il importait dès lors, pour remplir le but de la vente d'hérédité, intervenue entre les parties, d'avoir recours à un genre de stipulations qui permît, contrairement au résultat du droit civil, de faire supporter en définitive les charges de l'hérédité à l'acheteur, comme aussi de faire profiter ce dernier des créances et bénéfices de la succession.

Les mêmes motifs firent qu'on appliqua aussi ces stipulations dans les fidéicommis universels : *jure civili* le fiduciaire, qui avait restitué l'hérédité au fidéicommissaire, n'en restait pas moins héritier, continuant à représenter le défunt et pouvant seul poursuivre les débiteurs de la succession ou être poursuivi par les créanciers héréditaires. Le premier remède qu'on apporta à un état de choses qui pouvait, suivant les circonstances, être aussi nuisible au fiduciaire qu'au fidéicommissaire, fut le suivant : on supposa une vente fictive de l'hérédité pour une seule pièce de monnaie, *nummo uno, dicis causa*. L'héritier était assimilé à un vendeur et le fidéicommissaire à un acheteur de l'hérédité : il intervenait alors entre les parties les engagements réciproques auxquels nous avons fait allusion, et dont Gaius nous donne la teneur, précisément à propos des hérédités fidéicommissaires (G. II § 252). Nous examinerons tout à l'heure, quand nous étudierons les obligations de l'acheteur, quelle était la nature des engagements que le vendeur stipulait de lui. Quant à l'acheteur, il stipulait que le vendeur aurait à lui restituer tout ce qui lui parviendrait en sa qualité d'héritier, et même qu'il lui permettrait de poursuivre par procureur les créances héréditaires : « *invicem* « *stipulabatur ut si quid ex hereditate ad heredem* « *pervenisset, id sibi restitueretur; ut etiam pateretur* « *eum hereditarias actiones procuratorio aut cogni-* « *torio nomine exsequi.* »

Il est même possible de reconstruire d'après ces bases la formule de la stipulation qui devait être faite par l'acheteur d'hérédité, dans des termes assez généraux pour comprendre les diverses obligations dont était tenu le vendeur d'hérédité : « *Quanta* « *pecunia ex hereditate Titii ad te pervenerit, dolove* « *malo tuo factum est eritve quominus perveniat,* « *tantam pecuniam recte mihi restituere; quarum* « *rerum actio petitio persecutio ob eam hereditatem* « *tibi quæsita erit, earum rerum petitonem actionem* « *mihi præstari, patique me procuratorio vel cognito-* « *rio nomine exsequi, tum ab omni re dolum abesse* « *abfuturumque esse, spondes-ne? — Spondeo.* »

§ 2.

Des obligations de l'acheteur.

Comme dans toute vente, l'acheteur de l'hérédité doit payer le prix convenu.

Il doit aussi indemniser le vendeur de tout ce qu'il aura déboursé *propter hereditatem*.

Cette formule comprend ce qu'il a payé pour dettes ou charges héréditaires, pour frais funéraires, droits fiscaux (l. 2 § 16 et § 17 D. h. t.), impenses faites pour la conservation de la chose, en tant que devant se prendre sur les fruits à restituer à l'acheteur, etc... En somme, le vendeur sera admis à se faire tenir compte par l'acheteur de tout ce qu'il aura été obligé de donner à cause de la succession, par lui-même ou par son mandataire, ou même par un simple gérant d'affaires ayant payé à son intention, soit qu'il ait déjà payé, soit qu'il se soit seulement obligé, de quelque manière que ce soit, à le faire: la seule condition qu'on y mette, c'est qu'il ait donné ou doive donner à cette occasion quelque chose du sien: « *dummodo aliquid absit venditori hereditatis, com-* « *petere ei actionem.* » (l. 2 § 11 et 20 D. h. t.)

Nous trouvons une application de ces principes dans la loi 18 *pr.* de notre titre: plusieurs héritiers étant institués, l'un d'eux, avant l'acceptation de ses cohéritiers, paye en entier à un créancier du défunt une somme qui lui était due avec clause pénale ; il a ensuite vendu ses droits successifs, mais ses cohéritiers étant insolvables, il n'a pu se faire rembourser par eux de la part qu'ils devaient dans cette dette. Julien décide qu'il aura contre l'acheteur l'action *ex stipulatu* ou celle *ex vendito ;* car, dit-il, la preuve que cette somme entière a bien été payée par le vendeur en qualité d'héritier, c'est qu'un pareil paiement entrerait certainement dans l'action en partage de la succession, laquelle n'admet à l'encontre des cohéritiers et au profit de l'un d'eux que la restitution des dépenses par lui faites en sa qualité d'héritier.

Si le vendeur s'est réservé un esclave avec son pécule, et qu'il ait été condamné à payer une somme à un créancier, à l'occasion d'une obligation dépendant du pécule de l'esclave ou ayant tourné au profit du maître défunt, on comprend qu'il ne puisse pas se faire rendre cette somme par l'acheteur; il en serait autrement, bien entendu, si l'esclave avait été réservé sans son pécule. (l. 2 § 12 et 13 D. h. t.).

Dans le cas où le vendeur se serait réservé une maison, à l'occasion de laquelle le voisin aurait reçu la caution *damni infecti*, en garantie du tort qu'il pouvait appréhender de la chûte, on décide que s'il n'apparaît pas de l'intention contraire des parties, l'acheteur sera obligé de réparer le tort que la maison aura causé au voisin avant la vente à lui faite, et l'héritier après la vente. (l. 2 § 14 D. h. t.).

L'héritier qui a payé par erreur une chose non due par la succession, a-t-il le droit de la répéter contre l'acquéreur ? La loi 2 § 7 refuse à l'héritier son recours, par la raison qu'il n'a droit qu'au remboursement de ce qui a été légitimement payé pour la succession : une condamnation pourrait seule justifier un pareil paiement, et autoriser par suite la répétition contre l'acheteur. Et si nous nous plaçons dans l'époque postérieure à la vente, comme il arrive fréquemment que le vendeur administre encore la succession vendue, il est juste aussi qu'il réponde de ses fautes et qu'une condamnation puisse seule le relever de la responsabilité qu'il encourt.

Nous savons déjà que l'acheteur doit être mis dans la même situation que s'il avait personnellement hérité à la place du vendeur. Ceci doit s'entendre évidemment des charges comme des avantages de la succession : « *sicuti lucrum omne ad emptorem hereditatis* « *respicit, ita damnum quoque debet ad eumdem* « *respicere* ». (l. 2 § 9 D. h. t.). C'est ainsi que pour les créances que l'héritier pouvait avoir de son chef contre la succession, la confusion produite sera réputée non avenue dans les rapports du vendeur et de l'acheteur, et celui-ci sera tenu d'en faire compte à l'héritier, de même que nous avons vu tout à l'heure ce dernier obligé de payer à son acheteur, nonobstant la confusion, tout ce qu'il pouvait personnellement devoir à l'hérédité. L'acheteur doit tenir en effet vis-à-vis de son vendeur la place du véritable héritier, et exécuter par suite, même envers lui, les engagements contractés par le défunt, sans qu'il y ait à distinguer d'ailleurs entre les dettes déjà nées et exigibles au jour du décès, et celles contractées par le défunt à terme ou sous condition, et échues ou réalisées seulement depuis la vente. La décision doit être la même, car les dettes conditionnelles ont subi comme les autres l'effet de la confusion, étant donné que le vendeur n'a pas cessé d'être héritier, du moins en dehors de la vente, et que c'est par suite dans sa personne et non dans celle de l'acheteur qu'à l'accomplissement de la condition l'obligation s'est formée. Seulement la cession qui suffit à paralyser entre les parties l'effet de la confusion, ne suffit pas à ressusciter les actions originaires qu'elle a éteintes, et c'est dès lors par l'action même de son contrat, l'action *ex vendito,* que le vendeur se fera tenir compte par l'acheteur de sa créance contre le défunt.

La même action lui sera donnée pour obliger l'acheteur à rétablir les servitudes qui pouvaient lui être dues par les fonds de la succession. (D. l. 2 § 18 et 19 h. t.).

La loi 24 prévoit une hypothèse analogue : Cornélius vous a institué héritier, et dans son testament il vous charge d'un legs pour Attius ; vous vendez l'hérédité de Cornélius, l'acheteur doit exécuter le legs dont vous étiez débiteur. Mais si ce légataire meurt avant d'avoir reçu son legs de l'acheteur, et vous laisse pour son héritier, vous aurez l'action de la vente contre votre acheteur de droits successifs, afin de vous faire payer du legs qui était dû à Attius, votre auteur. Cette solution s'explique très-bien : vous avez vendu vos droits un moindre prix, à cause de l'obligation où était l'acheteur de payer ce legs, et d'autre part la situation de l'acheteur doit être certainement la même, que le droit au legs passe d'Attius à l'héritier vendeur, ou qu'il profite à tout autre légataire.

Toujours dans le même ordre d'idées, la loi 2 § 15 s'occupe du cas suivant : Titius a vendu à Séius ses droits dans la succession de Mœvius ; il est ensuite institué héritier par Séius l'acheteur, et il vend ses droits dans cette succession à Attius, pourra-t-il demander à ce dernier ce qui lui était dû pour la première vente faite à Séius ? « *Et ait Julianus quod* « *venditor hereditatis petere a quolibet extraneo* « *herede potuisset, id ab hereditatis emptore con-* « *sequatur.* » Si Séius avait eu tout autre héritier, Titius aurait pu sans aucun doute lui réclamer tout ce qu'il aurait payé à l'occasion de la succession de Mœvius, qu'il avait vendue au défunt : le principe est en effet que si un particulier achète une chose, en se faisant promettre la restitution du double du prix en cas d'éviction, et qu'ensuite il soit institué héritier par le vendeur et aliène ses droits successifs, il pourra, s'il est évincé de la chose, se faire payer par l'acheteur le double du prix stipulé par le défunt ; et comme il n'y a dans l'espèce aucune raison de décider autrement, on donnera au vendeur Titius le droit de se faire payer par Attius, acheteur de la succession, tout ce qu'il aurait pu demander à tout autre héritier de Séius, et par conséquent ce qui lui était dû pour la vente faite à ce dernier.

Telles sont les différentes prestations qui incombent à l'acheteur d'une hérédité ; mais comme aux yeux du droit civil, le vendeur restait héritier malgré la vente,

et comme tel restait tenu des dettes et charges héréditaires, il stipulait à son tour de l'acheteur, auquel il promettait de son côté tout le bénéfice de sa qualité, qu'il aurait à le rendre indemne de ce qu'il aurait déboursé pour la succession ou des dettes héréditaires qu'il aurait été obligé de payer. Le texte de Gaius (II § 252) nous permettra encore de donner les termes présumés de cette stipulation, qui devait embrasser les diverses obligations de l'acheteur d'hérédité : « *Quid-*
« *quid hereditatis Titii nomine sine fraude meâ*
« *condemnatus fuero, sive quid alias bonâ fide dedero*
« *sive præstitero, eo nomine indemnem me facere ; et*
« *quarum rerum actio petitio persecutio mecum erit,*
« *his rebus recte et uti oportet me defendere, ab eâque*
« *re omni dolum malum abesse abfuturumque esse,*
« *spondes-ne? — Spondeo.* »

CHAPITRE III

Quels sont les effets de la vente d'hérédité à l'égard des tiers ?

I. — L'objet vendu ce n'est pas le titre même d'héritier, personnel et incessible, c'est l'émolument qu'on a retiré ou qu'on retirera grâce à cette qualité. Il en résulte qu'après comme avant la vente, l'héritier reste tenu envers les créanciers, les légataires et les fidéicommissaires : il a librement fait adition, et par l'adition il est lié irrévocablement envers eux.

Mais si l'acheteur n'est pas tenu envers les créanciers héréditaires, puisqu'il n'a pas acquis le titre d'héritier, il n'en est pas moins vrai que s'il consent à ce que la poursuite se fasse sur son nom, la *litiscontestatio* aura pour effet de l'obliger, et par suite de libérer le vendeur. Il pouvait même se faire qu'à la suite des stipulations réciproques dont nous avons parlé, le vendeur puisse prendre les devants et forcer son acheteur à le défendre vis-à-vis des créanciers de la succession.

Il y avait du reste une matière où sur ce point la législation était beaucoup plus avancée : la loi 1 au au Code, *De hered. vend.* 4, 39, nous apprend que dans les ventes par le fisc des successions des indignes, les créanciers héréditaires devaient diriger leur action contre l'acquéreur et non contre le fisc : « *æs alienum,* « *hereditate nomine fisci vendita, ad onus emptoris* « *bonorum pertinere, nec fiscum creditoribus heredi-* « *tariis respondere certum est.* » Tout d'abord on ne s'explique guère ce résultat en présence des lois 2 et 3, au Code *de quadr. præscr.* 7, 37, en vertu desquelles tous ceux à qui le fisc livre une chose, à titre de vente ou autrement, en deviennent instantanément et irrévocablement propriétaires, même à l'égard de l'ancien maître : comment admettre après cela que l'acheteur d'une hérédité dévolue au fisc puisse être poursuivi par les créanciers de la succession ? C'est que la règle édictée par les lois 2 et 3 C. *de quadr. præscr.* est loin d'être aussi générale que ses termes semblent l'indiquer. Ainsi la loi 5 C. *de liber. causa* nous apprend déjà qu'un esclave acheté au fisc peut très-bien agir en contestation d'état contre l'acheteur. Au surplus si la constitution de Zénon défend d'inquiéter les acquéreurs du fisc c'est principalement en ce qui concerne les droits de propriété ou d'hypothèque, et elle ne vise les actions personnelles qu'autant qu'elles auraient précisément pour objet de porter atteinte au droit de l'acquéreur (V. Inst. *De usucap.* 2. 6. 14). Or dans notre espèce les créanciers ne contestent pas du tout la validité de la vente, ils reconnaissent même le titre de l'acheteur, puisque ce n'est qu'en sa qualité de détenteur de l'universalité héréditaire qu'ils le poursuivent. La seule différence qu'il y a dès lors, c'est que dans ce dernier cas l'acheteur est tenu de payer directement et exclusivement les créanciers, tandis que dans la vente ordinaire d'hérédité, l'acheteur, sauf stipulation contraire, ne doit qu'au vendeur et sur le recours que ce dernier exerce de ce chef contre lui.

II. — Qui peut d'autre part depuis la vente, exercer les créances héréditaires? On sait qu'en principe le droit de créance était inaliénable à Rome, parce que son caractère essentiel était d'exister uniquement par la relation réciproque qu'ont entre elles des personnes déterminées; mais comme en définitive le seul but poursuivi par le créancier était d'obtenir la livraison d'un objet ou la prestation d'un service — *ad aliquid dandum, vel faciendum, vel præstandum* —, les idées de crédit et de circulation des biens, peu à peu introduites, firent qu'on arriva bientôt à considérer les créances comme des valeurs susceptibles d'entrer dans le commerce, et dont par suite le titulaire pût céder à un autre le droit de poursuivre la réalisation. Les jurisconsultes romains durent se plier eux-mêmes aux nécessités de la pratique, et ils s'étudièrent dès lors à imaginer des procédés, permettant d'éluder l'ancien principe de l'incessibilité.

Aussitôt que la procédure formulaire eut remplacé le rigorisme des actions de la loi, et eut permis aux parties, tant au demandeur qu'au défendeur, d'ester en justice par mandataire, cette faculté nouvelle, combinée avec les règles du mandat, se prêta à l'introduction d'un véritable transport de créances, s'opérant *per litiscontestationem*, et connu sous le nom de *procuratio in rem suam*. Le créancier permet à celui qu'il veut rendre cessionnaire d'exercer son action en justice, à titre de *procurator in rem suam*, c'est-à-dire de mandataire dispensé de toute reddition de compte; le préteur délivre à celui-ci l'action avec la formule dite *rutilienne*, dont l'*intentio* est conçue au nom du créancier mandant et la *condemnatio* au nom du *procurator* cessionnaire. « *Si paret N. Negidium P. Mævio* « *decem dare oportere, judex N. Negidium L. Titio*

« *decem condemna*; *si non paret*, *absolve.* » (Gaius IV § 86.) De la sorte le transfert s'opérait par l'effet de la *litiscontestatio,* après laquelle le cessionnaire continuait l'instance pour son compte personnel.

Par ce moyen il n'était pas besoin, comme au cas de novation par délégation, de recourir à un débiteur souvent récalcitrant; de plus on conservait ainsi les sûretés, hypothèques, etc., antérieurement attachées à la créance cédée et que la novation faisait disparaître. Mais tout inconvénient n'avait cependant pas disparu. Il était à craindre, d'une part, que le mandat donné ne devînt inutile par le paiement fait entre les mains du cédant resté créancier, par la compensation opposée de son chef, par la remise ou acceptilation obtenue de lui par le débiteur, par la transaction entre eux intervenue: pour assurer les droits du cessionnaire contre les actes du cédant, les constitutions impériales créèrent ce qu'on appela la *denuntiatio* (l. 3 C. *de novat.* 8. 42), sorte de notification du transport au débiteur, à partir de laquelle ce dernier ne pouvait plus se libérer vis-à-vis du cessionnaire en traitant avec le cédant.

D'autre part, il pouvait se faire que la mort de l'une des parties ou la révocation par la cédant vînt mettre fin au mandat, avant que la *litiscontestatio* eût rendu le cessionnaire *dominus litis*: un nouveau procédé restait donc à trouver. Ce procédé, qui marqua la dernière limite de la législation romaine en cette matière, consista dans l'attribution des actions utiles au cessionnaire d'une créance. Ce genre d'actions, d'un emploi si fréquent dans la procédure formulaire, provenait de l'extension d'actions déjà existantes à des cas non prévus à l'origine, et fonctionnait au moyen de formules soit fictices soit *in factum.* Il fut donc admis qu'en cas de mort soit du cédant soit du cessionnaire avant la *litiscontestatio*, qui devait consommer la cession, des actions utiles seraient accordées au mandataire ou à ses héritiers, de telle sorte qu'un accident de cette nature n'eût plus pour effet d'anéantir la cession. On arriva ainsi à permettre au cessionnaire d'intenter l'action *quasi ex jure cesso* et par suite de se donner lui-même dès le jour de la vente un *procurator* sans que l'instance fût encore engagée.

Remarquons du reste que cette faculté fut d'abord réservée aux cessionnaires à titre onéreux, et que jusqu'à Justinnien les cessionnaires à titre gratuit durent suivre l'ancien état de choses (l. 33 C. *De donat.* 8.54).

Du cas où le mandat était éteint par le décès de l'une des parties, on étendit bientôt l'application des actions utiles au cas où, aucun mandat n'ayant été donné, aucune cession n'avait été faite, mais où cependant le mandat aurait dû être donné en vertu d'un titre acquis à cet effet, et qui obligeait à la cession de créances. A ce point de vue il paraît même que l'action utile fut pour la première fois concédée à l'acheteur d'une hérédité contre les débiteurs héréditaires : nous y reviendrons tout à l'heure. Par analogie, on accorda successivement la même action au cas d'une constitution en dot ayant pour objet une créance (l. 2 C. De *oblig. et act.* 4.10), au cas de *datio in solutum* opérée au moyen d'une créance (l. 5 C. *quando fiscus*. 4. 15.) au cas de legs d'une créance (l. 18 C. *de legat*. 6.37.) etc... On en arriva enfin à donner ce genre d'actions dans des hypothèses où il n'y avait eu aucun acte ayant pour but la transmission de la créance, mais où la cession était exigée par une disposition de la loi et était imposée au débiteur: nous en trouvons des exemples dans le *beneficium cedendarum actionum*, accordé au fidéjusseur ou au codébiteur solidaire qui avait payé sur les poursuites du créancier, ou à l'acheteur quand l'objet vendu avait été volé, avant la tradition, chez le vendeur.

Grâce à ses avantages, le système des actions utiles ne tarda pas à usurper le domaine de la *procuratio in rem suam;* mais il n'en reste pas moins vrai que le cessionnaire d'une créance pourra toujours intenter à son gré soit l'action directe qui lui aura été cédée par mandat *in rem suam*, soit l'action utile, née sur sa propre tête par suite de la cession, et représentant l'action du créancier considérée comme mandée, alors que la *procuratio* n'a pas réellement existé : « *Nec* « *refert*, dit la loi 47 § 1 D.De *neg. gest.* 3. 5, *directa* « *quis an utili actione agat vel conveniatur, maxime* « *quum utraque actio ejusdem protestatis eumdemque* « *habet effectum.* » Et même sous Justinien, alors que vis-à-vis de son cédant, le cessionnaire, par l'effet du seul consentement, sera investi d'un droit propre, il importe de signaler qu'en exerçant l'action utile, ce dernier sera toujours, vis-à-vis du débiteur, comme agissant *exemplo creditoris,* c'est-à-dire à titre de *procurator* exprès ou tacite. Nous arrivons ainsi à concilier la Const. 5 au Code *quando fiscus* (4. 15) avec la Const. 8 au Code à notre titre, ce qui nous dispense de prendre parti pour l'un ou pour l'autre des systèmes diamétralement opposés que l'interprétation de ces textes a suscités. Nous pouvons de plus, dans cette opinion, donner une explication suffisante de la Const. 3. C. h. t., ainsi conçue : « *Nominis venditio, etiam* « *ignorante vel invito eo adversus quem actiones man-* « *dantur, contrahi solet ;* » cette idée se comprendra très-bien, si on la limite aux rapports du cédant et du cessionnaire : entre eux, le transfert n'a plus besoin pour s'opérer de l'ancienne *litiscontestatio*, il s'opère par l'effet de la seule convention intervenue entre les parties, et, chose curieuse, le seul consentement ne suffit pas encore, sans la tradition, pour aliéner la propriété des choses corporelles, que déjà il suffit pour transférer la propriété des choses incorporelles.

Nous avons maintenant à suivre l'application de ces principes à la transmission des créances héréditaires par la voie d'une vente d'hérédité. L'acheteur d'hérédité occupe à ce point de vue une situation intermédiaire entre le transfert des créances à titre universel et le transfert à titre particulier que nous venons d'étudier; les créances qu'il acquiert font partie d'une universalité, mais il n'est lui-même qu'un successeur à titre particulier, en ce sens qu'il n'est pas grevé des dettes qui restent sur la tête de l'héritier.

Il y avait dans l'ancien droit plusieurs modes d'acquisition à titre universel entre-vifs, notamment la restitution d'un fidéicommis universel, et la vente en masse des biens d'un débiteur insolvable : il ne sera pas inutile, au point de vue de la transmission des créances, de les rapprocher de l'objet de notre étude.

Avant Auguste, la restitution d'un fidéicommis universel, ou plus proprement d'une hérédité fidéicommissaire, s'accomplissait par les modes ordinaires de translation de propriété, selon la nature des biens : c'était la tradition, la mancipation, etc... pour les choses corporelles, c'était la novation ou la *litiscontestatio* pour les créances. Sous Auguste ces fidéicommis furent rendus obligatoires d'autorité prétorienne, et pour ne pas paraître en lutte ouverte avec le droit civil, on simula une vente *nummo uno* de l'héritier au fidéicommissaire ; cette vente servait de cause au transfert par les modes ordinaires, et aboutissait à donner à ce dernier le titre de *possessor pro emptore*.

Les dettes continuaient cependant à grever l'héritier, seul représentant du défunt, et l'insolvabilité pouvait rendre illusoire le recours que des stipulations réciproques lui assuraient contre le fidéicommissaire. Aussi en l'an 62 J. C. on porta le sénatus-consulte Trébellien, en vertu duquel les créanciers de la succession devront, après la restitution, exercer leurs actions contre le fidéicommissaire, de même que celui-ci pourra poursuivre directement les débiteurs héréditaires. Et pour assurer ce résultat si contraire au droit civil, le préteur donnait au fidéicommissaire ou contre lui des actions utiles, avec des formules fictices lui supposant la qualité d'héritier (*ficto se herede)* que l'*ipsum jus* ne lui donnait pas (Gaius II. § 253). Mais comme les créanciers de l'hérédité pouvaient toujours à la rigueur intenter l'action directe contre l'héritier institué, le seul et vrai héritier du droit civil, celui-ci obtenait du préteur pour se défendre contre eux une exception *restitutæ hereditatis*, que les débiteurs pouvaient aussi invoquer à leur tour pour repousser l'héritier institué qui, usant de la rigueur du droit civil, exerçait contre eux les droits de la succession (l. 1 § 4 D. *Ad. s-c Treb.* 36. 1). Ainsi en définitive le fidéicommissaire, désigné en dehors des formalités du droit civil, est assimilé à l'*heres* et est considéré par le droit nouveau comme le continuateur de la personne juridique du défunt, et de même qu'il eût acquis l'hérédité par un simple acte de volonté si on l'y eût directement appelé, de même la restitution s'effectuera désormais à son profit, non plus par des actes spéciaux à chaque nature de biens, mais par un acte unique, embrassant toute l'universalité héréditaire, et exigeant simplement chez l'un la volonté de restituer et chez l'autre celle de recevoir.

Un autre cas de *successio in universum*, applicable

aux créances, avait été établi par la jurisprudence : c'était la vente en masse des biens d'un débiteur insolvable. Pour succéder aux actions de l'insolvable, l'*emptor bonorum* avait deux moyens à sa disposition ; d'abord la formule dite *rutilienne*, qui le considérait comme *procurator in rem suam* et opérait le transfert *per litis contestationem* ; ensuite et surtout la formule dite *servienne*, conçue en son nom et *ficto se herede*, qui investissait l'acheteur de l'action, dès avant le litige, et pour ainsi dire par le seul effet du consentement (G. III. § 80-1).

Si nous abordons maintenant la vente d'hérédité et que nous examinions la situation qui était faite, au point de vue du transfert des créances, à l'acheteur de la succession, nous assistons au même mouvement de transformation. A l'origine il est simplement *loco emptoris*, tout comme le fidéicommissaire : la vente de l'hérédité n'a pas transmis les actions qu'avait le défunt contre les tiers, car à Rome la vente ne transfère pas la propriété de la chose vendue, elle oblige seulement à la transférer par un acte ultérieur : cet acte, c'est la tradition pour les choses corporelles, c'est la novation ou le mandat *in rem suam* pour les créances. Ce n'est donc tout d'abord que par des délégations formelles ou par des *procurationes*, suivies de *litiscontestatio*, que l'acheteur de l'hérédité sera investi des créances du défunt sur des tiers ; or nous savons déjà que ces deux modes de transfert présentaient de graves inconvénients : dans l'un, il fallait absolument obtenir le concours du débiteur cédé, dans l'autre, il était à craindre que le mandat ne prît fin par la mort de l'une des parties, ou par la révocation au gré du cédant avant la *litiscontestatio*. C'est Antonin le Pieux qui eut le premier l'idée d'appliquer à la vente d'hérédité le procédé des actions utiles *ficto se herede*, que le sénatus-consulte Trébellien avait déjà appliqué aux fidéicommis (l. 16 *De pactis* D. 2. 1). Dans l'un comme dans l'autre cas, le transfert des créances héréditaires s'opérera ainsi sans novation ni *litiscontestatio ;* mais l'analogie ne doit pas être poussée plus loin, et tandis que la restitution d'une hérédité fidéicommissaire est un vrai mode d'acquisition à titre universel, qui investit directement le restitué des actions de la succession, la vente d'hérédité au contraire ne transfère pas la chose vendue, elle n'oblige qu'à la transférer par un acte ultérieur, et l'acheteur qui, de ce chef, n'est qu'un successeur à titre particulier, ne se verra toujours la propriété des choses corporelles transmise que par des traditions distinctes de l'acte de vente, et celle des créances par des actes de transfert spéciaux: seulement, depuis la réforme d'Antonin, ces derniers modes se trouveront réduits au simple consentement, distinct néanmois de la vente, et émanant soit d'un mandat formel soit d'un mandat que l'on supposera avoir été donné. Et la loi 34 D. *De procur.* pourra dès lors placer à bon droit, au nombre des cas de cession d'actions nécessaire, celui de l'acheteur d'une hérédité auquel les actions héréditaires ont été cédées avec le reste de l'héritage, et qui prétend en poursuivre le paiement contre les débiteurs de la succession. Cette cession nécessaire a son origine il est vrai dans un contrat émané du libre consentement du cessionnaire, mais Doneau explique ainsi cette contradiction apparente: « *Etsi enim ab initio hereditatem sua volontate emit, nulla necessitate cogente, cum poterit sine detrimento non emere, tamen postquam emit transit illi res in necessitatem actionum excercendarum, nisi velit earum commodum et una pretium hereditatis sibi perire. Hanc necessitatem quæ postea secuta est spectamus in hereditariis actionibus potiusquam initiam emptionis, quia hereditas ab initio empta est, non actiones hereditariæ. Hæ quidem secutæ sunt per consequentiam quia sunt ex hereditate. Sed prima causa et finis emptionis fuit ut emeretur heredites, quæ sine ullis actionibus esse potuit.* »

La jurisprudence alla plus loin encore, et, complétant son œuvre, elle refusa au vendeur d'hérédité, comme au fiduciaire, les actions directes, en ce sens qu'après la vente faite, le débiteur pourra avec raison opposer au cédant l'exception de dol (l. 16 *De pactis* D. 2. 1). Jadis les débiteurs héréditaires restaient obligés envers l'héritier, qui pouvait leur faire acceptilation jusqu'à la *litiscontestatio* ; désormais ils sont dès la vente obligés envers l'acheteur et libérés à l'égard du vendeur. Mais si l'on suppose que le débiteur ait payé le cédant depuis la cession, qu'il ait fait avec lui une *acceptilatio* ou qu'il invoque une compensation opérée depuis cette époque, il y a lieu de se demander si la simple connaissance de la cession suffisait à engager sa responsabilité vis-à-vis du cessionnaire, ou s'il fallait au contraire de la part de ce dernier une *denuntiatio* ou notification du transport? Les commentateurs sont divisés sur ce point : suivant les uns, le cessionnaire étant investi d'une action utile, il fallait une juste cause de libération pour que le débiteur vînt l'écarter, et cette juste cause n'existait pas si le débiteur avait eu connaissance de la la cession. C'est ce qui résulte, ajoute-t-on, de la loi 17 au Dig. *De transact.* (2.15), dont voici l'espèce : Un héritier vend l'hérédité à laquelle il a été appelé, ou remet à un fidéicommissaire le bénéfice qu'il en a recueilli ; puis il transige avec un débiteur de la succession, qui ignorait complètement la vente ou la restitution : plus tard ce débiteur se voit actionné par l'acheteur ou le fidéicommissaire, pourra-t-il leur opposer l'exception *transacti negotii*? Et Papinien répond affirmativement *propter ignorantiam debitoris:* donc *a contrario*, si le débiteur avait eu connaissance des faits d'une manière quelconque, il n'aurait pu repousser la demande de l'acheteur ou du fidéicommissaire. — On a répondu à ce système en opposant à des arguments *a contrario*, souvent dangereux et peu probants, les termes significatifs d'une constitution de Gordien (Const. 3. C. *De nov.* 8. 42) qui, en établissant la *denuntiatio*, lui donne tous les effets de la *litiscontestatio*, d'où il faut conclure qu'à partir de ce moment seulement le débiteur ne pourrait plus se libérer vis-à-vis du cessionnaire en traitant avec le cédant. Gordien met encore sur la même ligne le paiement partiel fait au cessionnaire par le débiteur : s'il avait pensé qu'une connaissance quelconque de la cession pût produire le même effet que la *denuntiatio*, il n'aurait certes pas cité successivement la *litiscotestatio* et le paiement partiel, faits qui suposent une connaissance acquise de la cession. — Pour nous, nous concluons aussi à la nécessité d'une *denuntiatio* du cessionnaire pour engager la responsabilité du débiteur ; peu importe que ce cessionnaire agît en vertu d'un mandat exprès ou par action utile, puisque nous avons admis que dans ce dernier cas il y avait mandat présumé. Nous reconnaissons, néanmoins, que la loi 17. *De transact.* semble déroger à la règle générale, mais peut-être ne serait-il pas impossible d'expliquer qu'à l'égard d'une transaction, une connaissance quelconque de la cession eût tous les effets d'une signification régulière : c'est qu'en effet le débiteur pouvait toujours ne pas faire un pacte de ce genre, tandis qu'il ne pouvait pas éviter une poursuite judiciaire à fin de paiement ou une compensation, puisque la cession non dénoncée était à son égard *res inter alios acta.*

Nous venons de voir par quels procédés ingénieux la législation romaine avait réussi à investir le cessionnaire d'hérédité des actions qui compétaient à l'héritier contre les débiteurs de la succession. Il s'en fallait qu'on eût marché aussi vite en ce qui concerne les dettes héréditaires. Jusque dans le dernier état du droit, les créanciers de la succession gardèrent toujours la faculté de poursuivre l'héritier, qui s'était irrévocablement lié envers eux par l'adition : c'est qu'on se heurtait ici à un principe impérieux, celui qui n'admettait pas qu'un créancier pût être obligé malgré lui de changer de débiteur : « *Nemo potest se liberare sine consensu* « *creditoris.* »

III. — Si l'acheteur d'hérédité peut faire valoir comme cessionnaire, *utiliter quasi ex jure cesso*, tous les droits et actions, réels ou personnels, compétant au vendeur comme héritier (*Emptor hereditatis, actionibus mandatis, eo jure uti debet quo is cujus personâ fungitur*.L. 5. C. h. t.), il faut nécessairement y comprendre la pétition d'hérédité. — Primitivement et dans la rigueur du droit, il n'y avait qu'un héritier, *heres* soit ab intestat, soit testamentaire, qui fût en mesure d'affirmer *hanc hereditatem esse suam,* et qui fût fondé par suite à exercer la pétition d'hérédité (l. 1 et 3. D.5.3). Mais quand le droit prétorien eut créé les *possesseurs de biens,* il donna une action utile sous le nom de *possessoria hereditatis petitio* à cet ordre de successeurs, qui, s'ils ne sont pas véritablement *heredes,* sont du moins *loco heredum.* De même, dans les cas d'application du sénatus-consulte Trébellien, le fidéicommissaire ne tarda pas à obtenir d'une législation plus équitable et plus respectueuse des dernières volontés du défunt, une action utile dite *Fideicommissaria hereditatis petitio*, dont les effets étaient en tous points semblables à ceux d'une *hereditatis petitio civilis* (l. 1 et 2. D. *De fideic. her. petit.*). L'assimilation à l'ancien héritier du droit civil se poursuivant, on donna encore la pétition d'hérédité utile à ceux qui avaient acquis une hérédité du fisc. On en vint enfin à l'attribuer d'une façon générale à tout acheteur d'hérédité et si l'on remarque que la loi 4. § 28 (D. *De dol. mal. exc.* 44. 4.) met cet acheteur à l'abri des exceptions fondées sur le dol de son auteur, on devra reconnaître que, sous Justinien, cet acheteur exerce la pétition d'hérédité de son chef et qu'il est enfin considéré comme possédant lui-même *pro herede*.

A l'inverse cette possession *pro herede* eut pour conséquence nécessaire de donner *utiliter* la pétition d'hérédité contre lui. Le possesseur *pro herede* n'est pas nécessairement un possesseur de bonne foi ; Ulpien va même jusqu'à donner ce titre à celui qui, *sciens, alienam emit hereditatem,* et il en donne pour raison que la vente de la chose d'autrui n'est point un contrat nul, et qu'on ne peut pas dire de celui qui a payé le prix qu'il s'enrichit *sine causa : « Nemo enim prædo est qui pretium numeravit.* » L. 13 § 8. D. *De p. hered.)* L'intérêt qu'il y a dans cette matière à distinguer la bonne et la mauvaise foi du possesseur existe d'abord au point de vue de la restitution des fruits, ensuite au point de vue des droits de l'héritier réel en présence des aliénations faites par l'héritier apparent. Le possesseur de bonne foi est à l'abri de toute responsabilité, quant aux aliénations qu'il a pu faire avant l'introduction de l'instance, pourvu qu'il restitue tout ce dont il s'est enrichi : « *pretia quæ ad eum rerum ex hereditate* « *venditarum pervenissent, restituere debere.* » (Sén-cons. Juventien). La règle *quatenus locupletior* ne doit même s'entendre que de ce qu'il n'a ni consommé, ni dissipé et qu'il possède encore. Maintenant qu'en résulte-t-il vis-à-vis des tiers ? La loi 13. § 4. D. *D. p. hered.*, nous montre que les tiers acquéreurs, tenant leurs droits de l'héritier apparent, peuvent être évincés par l'héritier réel, sans qu'il y ait à distinguer, le texte étant général, entre les acquéreurs de choses singulières et ceux qui ont acquis toute l'hérédité : or la règle *pretium venit in petitionem, pretium in locum rei succedit*, est-elle opposable par eux à la revendication que le véritable héritier voudrait exercer ? Peuvent-ils lui dire : la chose a cessé d'être à vous, puisqu'elle a cessé d'être héréditaire ; notre vente est valable ; tous vos droits se reportent sur le prix, vous êtes comme substitué à notre vendeur ? Oui sans doute, si l'héritier a déjà poursuivi le possesseur de l'hérédité à raison du prix reçu et a ainsi ratifié la vente *(Si pretium actor sit consecutus, exceptione eum summoveri.* — L. 25. § 17 *ibid.)*. Mais cette dernière loi apporte une autre restriction au droit de revendication de l'héritier : ce droit ne lui est assuré qu'autant que les acquéreurs n'auront pas de recours contre leur vendeur, si d'ailleurs celui-ci est de bonne foi, *nisi emptores regressum ad bonæ fidei possessorem habent.* S'ils ont un recours, ils pourront opposer à la revendication une exception *ex persona venditoris*, et renvoyer ainsi le revendiquant contre le possesseur de bonne foi. En nous poursuivant, diront-ils, c'est lui que vous atteignez indirectement, puisque notre condamnation l'exposerait à un recours de notre part ; et il ne doit pas être exposé à subir, par cette voie détournée, des prestations qu'il n'aurait certainement pas subies, si vous aviez agi directement contre lui par la pétition d'hérédité. Le sénatus-consulte, prenant en considération sa bonne foi, ne le rend responsable envers vous que *quatenus locupletior factus est:* il ne vous appartient pas de changer à votre gré, en nous poursuivant, la situation favorable que la loi lui a faite !

En résumé, cela revient à dire que, par dérogation au droit commun, la vente faite par le possesseur de bonne foi est opposable au véritable héritier, chaque fois que les acquéreurs ont un recours en garantie contre leur vendeur. Dans tous les autres cas, quand il n'y aura pas lieu à garantie, ou que le recours ne grèvera pas le vendeur de répétitions plus fortes que la pétition d'hérédité directe, le principe recouvrera son empire et s'il s'agit d'une hérédité vendue, l'héritier réel obtiendra une pétition d'hérédité utile contre l'acquéreur.

IV. — Tout ce que nous avons dit de l'attribution progressive de la pétition d'hérédité utile aux divers successeurs placés en dehors du droit civil, s'applique à l'action en partage d'hérédité. « *Familiæ erciscundæ* « *judicium,* dit la loi 24 § 1 D. 10. 2, *et inter bonorum* « *possessores, et inter eum cui restituta est hereditas* « *ex Trebelliano senatus-consulto, et ceteros hono-* « *rarios successores locum habet.* » Nous sommes fondé à en conclure que cette action fut donnée *utiliter* à l'acheteur de la part héréditaire d'un cohéritier contre ses cohéritiers, et réciproquement à ceux-ci contre l'acheteur.

V. A cet égard, il n'est peut-être pas inutile de se demander si les Romains ont connu le retrait successoral, admis chez nous entre cohéritiers par l'art. 841 du Code Civil ? L'idée générale de retrait n'était pas connue du droit classique, et la préférence accordée à certaines personnes pour les ventes n'existait pas. Cicéron nous en donne la preuve quand il dit dans son plaidoyer pour Balbus : «*Prœdia neque gentem neque* « *familiam habent.* » C'était encore vrai du temps de Pline, qui s'exprimait ainsi dans une de ses lettres : « *Superest ut coheredes œquo animo ferant, separa-* « *tim me vendidisse quod mihi licuit omnino ven-* « *dere.* » L'idée de retrait apparaît pour la première fois sous Constantin, qui introduit dans l'Empire la défense de vendre à d'autres qu'à ses proches, le *jus protimeseos.* L'existence d'une pareille mesure ne nous est d'ailleurs signalée que par la Constitution même qui l'abroge, et qui forme la loi 14 au Code *De contrah. empt.* « *Dudum proximis consortibusque concessum* « *erat*, disent les empereurs Valentinien et Théodose, « *ut extraneos ab emptione removerent, neque homines* « *suo arbitratu vendenda distaherent ; sed quia gravis* « *hœc videtur injuria, quœ inani honestatis colore* « *velatur, ut homines de rebus suis facere aliquid* « *cogantur inviti ; superiore lege cassata, unusquis-* « *que suo arbitratu quœrere. vel probare possit* « *emptorem*,

On a prétendu que cette constitution faisait allusion à un véritable retrait successoral. Mais cette fameuse loi *Dudum*, qui est une des *septem cruces* qui ont fait le tourment des commentateurs, est loin d'être probante, et si le mot *consortes* peut s'entendre parfaitement de copropriétaires par indivis de biens héréditaires, de cohéritiers avant le partage, il ne doit pas du moins être séparé du mot *proximis*, qui limite l'effet de la loi entre parents, et qui fait que, par sa nature comme par son but, ce *privilegium removendi* se rapproche beaucoup plus du retrait lignager.

Les partisans de l'origine romaine du retrait successoral invoquent un autre texte, c'est la loi 3 au Code *De comm. rer. alien.* Un copropriétaire par indivis d'une chose héréditaire, désirant aliéner sa part, demande s'il ne peut la vendre qu'à un cohéritier et on lui répond : « *Falso tibi persuasum est communis* « *prædii portionem, pro indiviso, antequam communi* « *dividundo judicium dictetur, tantum socio non etiam extraneo posse distrahi.* » Or, dit-on, comprendrait-on ce scrupule, s'il n'avait pas dans la pensée que l'obstacle de la vente à un étranger est le retrait? — Nous répondrons que ce texte est loin d'avoir la signification et la portée qu'on voudrait lui donner ; il s'explique d'une façon satisfaisante par la loi 54 D. *Famil ercisc.*, qui déclare qu'une telle vente est valable ou nulle, suivant qu'elle a eu lieu avant ou après la *litiscontestatio* ; le cohéritier la croyait probablement nulle dans les deux cas et la loi 3 a pour objet unique de le détromper.

On est allé enfin jusqu'à voir la consécration du retrait successoral dans les lois 22 et 23 au Code (*Mandati vel contra*, 4.35), célèbres sous le nom de lois *Per diversas* et *Ab Anastasio* ; mais il est visiblo que ces lois n'ont été portées que contre les acquéreurs de créances litigieuses ; et non contre les acquéreurs de droits successifs. Il n'y est nullement fait mention de cession de parts héréditaires, ni de faculté d'écarter le cessionnaire du partage. La sanction n'était pas le moins du monde un retrait, et on se contentait de réduire simplement l'action du cessionnaire au montant de ses déboursés. Que la théorie romaine sur la cession des créances litigieuses ait plus tard inspiré celle du retrait successoral dans notre ancien droit, nous l'admettons sans peine ; mais, comme nous le verrons, la jurisprudence des Parlements se laissa guider en cette matière par des motifs d'équité, bien plus que par des raisons sérieuses d'analogie, et c'est une raison de plus pour conclure que cette institution ne nous est pas venue du droit romain. Il ne peut résulter en effet de quelque allusions indirectes, trouvées dans divers textes épars, que le retrait successoral existait à Rome, tel qu'on l'a admis dans notre droit : c'est donc ailleurs qu'il faut en chercher l'origine.

DROIT FRANÇAIS

CESSION DE DROITS SUCCESSIFS

Le législateur de 1804, prenant le contre-pied du droit romain et des restrictions qu'il apportait à la cession des droits incorporels, s'est inspiré de l'idée pratique que tous les droits qui forment notre patrimoine ne doivent pas rester entre nos mains à l'état de non-valeurs jusqu'au paiement, et, en présence de l'activité commerciale qui distingue notre époque, il a proclamé dans l'article 1598 que tout ce qui est dans le commerce peut être vendu, et dans les art. 1696 et suiv. il a édicté en conséquence des règles spéciales au transport des créances et des autres droits incorporels.

Nous laisserons de côté le transport de créances pour ne nous occuper que de la cession de droits successifs, matière déjà assez fertile en controverses et qui a été l'objet, surtout en ce qui concerne le retrait successoral, qui y est intimément lié, d'un très-grand nombre de décisions judiciaires.

Nous aurons à examiner dans autant de chapitres distincts :

1° La nature de la cession de droits successifs ;

2° Ses effets entre les parties ;

3° Ses effets à l'égard des tiers ;

4° Les causes de nullité, de rescision, ou de résolution dont elle est susceptible ;

5° Spécialement le retrait successoral.

CHAPITRE Ier

De la nature de la cession de droits successifs.

L'hérédité est un droit vendable, en ce sens que l'on peut transporter à prix d'argent à un tiers les effets attachés à la qualité d'héritier. Nous parlons du transport de l'universalité héréditaire, cessible comme toute chose incorporelle, et non du transport des biens de l'hérédité : il y a un grand intérêt à faire cette distinction entre l'être moral et les divers objets qui le composent, car tandis que la vente détaillée des choses héréditaires obéit au droit commun, celle de l'hérédité suit des règles spéciales que nous trouvons édictées dans les art. 1696 et suiv. et dont nous allons entreprendre l'étude.

Les mots *cession*, *transport*, s'entendent de toute aliénation par acte entre-vifs, à titre gratuit comme à titre onéreux, d'un objet incorporel. Le mot de *transfert* s'applique plus particulièrement au transport de rentes ou d'actions dans les sociétés de commerce (cpr. C. Com. art. 36). Comme la cession à titre onéreux revêt le plus souvent le caractère de la vente et a lieu moyennant un prix déterminé en argent, c'est la vente que nous prendrons, dans cette étude, pour type des contrats à titre onéreux. Nous aurons soin d'ailleurs, le cas échéant, de signaler les conséquences résultant d'une cession faite à titre gratuit, par opposition à la cession faite à titre onéreux.

Les principes du droit romain sur la vente d'hérédité ont été reproduits en grande partie par le Code ; sur ce point l'ancienne jurisprudence n'offre guère de particularités dignes de remarque ; une étude spéciale de cette matière dans l'ancien droit n'aurait dès lors pas grand intérêt pour l'interprétation des dispositions de la législation actuelle. Nous nous réservons néanmoins de faire dans le cours de notre travail les rapprochements que nous croirons utiles entre les deux législations et d'indiquer quelles modifications ont pu recevoir les anciens principes en passant dans le droit actuel.

Nous avons à nous demander successivement dans ce chapitre : 1° quels sont les caractères de la cession de droits successifs ; 2° quand elle peut avoir lieu ; 3° par qui et à qui elle peut être faite.

§ 1er.

Caractères de la cession de droits successifs.

I. — La cession de droits successifs peut, d'après les données précédentes, se définir l'aliénation d'un objet incorporel par laquelle on transfère à l'acquéreur tous les droits pécuniaires, actifs et passifs, découlant de la qualité d'héritier. Le vendeur garde il est vrai cette qualité indébile, la vente même qu'il a faite vaudrait acceptation de la succession à défaut d'autre acte (art. 780), mais il est tenu d'assurer à l'acheteur tout l'émolument qui y est attaché, et celui-ci de son côté aura à supporter toutes les charges héréditaires.

La vente d'hérédité comporte diverses nuances qu'il

importe de distinguer, notamment au point de vue de la garantie qui est due à l'acquéreur ; on peut en énumérer six espèces :

1° Vente du droit certain que le vendeur déclare avoir sur telle hérédité : c'est l'espèce prévue par le Code et à l'occasion de laquelle sont écrites les règles que nous aurons à examiner ; le cédant se déclarant héritier doit garantir cette qualité.

2° Vente d'un droit incertain à telle hérédité, c'est-à-dire de simples prétentions : on comprend que le vendeur n'ait pas à prouver ici sa qualité d'héritier. Ce qu'il cède ce n'est pas l'*hereditas*, c'est la *spes hereditatis* ; il ne sera dès lors garant que s'il se savait déjà sans droit quand il a vendu.

3° Vente d'un droit déclaré certain, mais avec indication que l'hérédité comprend tels et tels biens, ou qu'elle a telle importance : le vendeur garantit alors non seulement sa qualité d'héritier mais aussi la valeur qu'il y déclare attachée.

4° 5° 6° Vente d'un droit — ou douteux — ou certain — ou avec indication, stipulée non plus pour tout l'ensemble actif ou passif de l'hérédité, mais seulement pour l'actif, les dettes restant à la charge de l'héritier vendeur : dans ces divers cas l'acheteur ne devra subir aucune perte au delà de son prix d'acquisition.

C'est ici l'occasion de parler d'une convention qui est assez fréquente de nos jours. Il y a dans les grandes villes des agents d'affaires dont la spécialité est de rechercher s'il n'existe pas des parents appelés à recueillir les successions qu'aucun héritier ne vient réclamer. Lorsque leurs investigations ont réussi, ils offrent au prétendu successible de lui révéler ses droits et de faire toutes les démarches nécessaires pour établir sa vocation héréditaire et le mettre en possession des valeurs de la succession, moyennant l'abandon par celui-ci d'une portion déterminée de l'émolument à réaliser. La question qui se présente est celle de savoir si la convention intervenue dans de pareilles circonstances constitue ou non une cession de droits successifs : suivant la solution qui sera adoptée, le retrait successoral pourra ou non être exercé ; l'intérêt pratique est donc assez considérable.

La jurisprudence tend à considérer ce traité comme une stipulation à forfait de salaire, ou de prime convenue d'avance, au profit de l'agent d'affaires : il n'y a pas à ses yeux vente d'une portion de droits successifs, puisque, comme condition de l'engagement qu'il faisait souscrire à son profit, l'agent devait soigneusement tenir cachées au successible l'origine et la valeur de la succession sur laquelle il le faisait traiter, et par conséquent la nature et l'étendue des droits qui pouvaient lui appartenir ; il n'y a pas même contrat aléatoire, puisque le successible a été tenu dans l'ignorance de la valeur probable de l'hérédité ; il ne reste dès lors qu'une convention portant sur la liquidation d'une succession, avec tous les caractères distinctifs du mandat et par suite avec le droit pour les tribunaux d'apprécier souverainement le salaire stipulé, et de le réduire s'il leur paraît excessif. (V. Cass. 7 févr. et 18 avril 1855, Dev : 55. 1. 527 ; 12 janv. 1863, Dev. 63. 1. 249 ; Paris 17 mai 1867, Dev. 68. 2. 5).

Toutefois, dans une espèce semblable, récemment soumise à la Cour de Paris, celle-ci a semblé s'écarter de la voie généralement suivie, en posant en principe que la convention par laquelle un héritier céderait une part de la succession au tiers qui lui en annonce l'ouverture, serait valable, pourvu que l'héritier fût dans l'impossibilité de connaître ses droits et de les faire constater : « Attendu, dit cet arrêt, qu'en principe « la cession par laquelle un héritier se dépouille d'une « partie de ses droits au profit du tiers qui lui annonce « l'ouverture de la succession, a pour cause le service « important rendu par l'une des parties, qui révèle un « secret dont elle est possesseur, à l'autre qui non « seulement l'ignorait au moment de la convention, « mais se trouvait dans une situation qui ne lui permet- « tait pas d'en avoir connaissance ; que la Cour dès lors « pour déclarer valable un contrat de cette nature doit « avoir la preuve que l'héritier, vu l'espace de temps « écoulé depuis l'ouverture de la succession, le degré « éloigné de parenté qui l'unissait au *de cujus* et toutes « autres circonstances de fait, paraissait être dans « l'impossibilité de connaître ses droits et de les faire « établir, et que sans le concours qui lui a été donné il « n'aurait pu, suivant toutes vraisemblances, appré- « hender l'hérédité par ses propres forces... etc » (Paris 28 juillet 1879, confirmant un jugement du Trib. de la Seine du 18 août 1877.) Nous acceptons volontiers cette manière de voir qui subordonne à des circonstances de fait la nature de la convention, et qui a pour base, avec certaines limites, le respect du contrat, et par suite le respect de la volonté des parties.

II. — La cession de droits successifs peut être faite soit à un cohéritier, soit à un étranger. Demandons-nous tout d'abord quelle est la nature d'une pareille cession consentie entre cohéritiers : conserve-t-elle son caractère de vente, ou ne constitue-t-elle pas plutôt un véritable partage ? C'est la question que nous aurons à résoudre et qui ne se présente que pour la cession à titre onéreux : le partage est en effet un acte essentiellement à titre onéreux qui ne saurait s'appliquer à une cession à titre gratuit. (Par suite la donation qu'un cohéritier aurait faite de ses droits successifs à son cohéritier, encore bien qu'elle ferait cesser entièrement l'indivision, ne saurait produire l'effet déclaratif et l'héritier donataire resterait l'ayant cause de ses cohéritiers donateurs quant à la part devant leur revenir):

L'interêt de la solution à donner est multiple. Si l'on décide qu'il y a vente, il en résultera :

1° Que le cessionnaire devra souffrir toutes les hypothèques légales, judiciaires ou conventionnelles, qui auront frappé les immeubles du chef du cédant, comme aussi toutes les servitudes dont il les aura grevés ;

2° Que le cédant pourra demander la résolution de la vente, si le cessionnaire ne paye pas le prix (art. 1654) ;

3° Qu'il aura contre lui le privilége accordé au vendeur par l'art. 2103, pourvu qu'il l'ait légalement conservé (art. 2108, loi du 23 mars 1855 art. 6) ;

4° Que l'acte sera soumis à la transcription.

Si l'on décide au contraire qu'il y a partage, il faudra en conclure :

1° Qu'en vertu de l'effet déclaratif de propriété consacré par l'art. 883, le cessionnaire sera censé tenir du *de cujus* la totalité de la succession, et que les charges dont les immeubles pourraient être affectés du chef du cédant tomberont par l'effet de la cession ;

2° Que le cédant n'aura pas d'action résolutoire ;

3° Qu'il aura le privilége des copartageants (art. 2103-3°), à la charge de se conformer aux dispositions de l'art. 2109 et de l'art 6 de la loi du 23 mars 1855.

4° Qu'il n'y aura pas lieu d'opérer la transcription de l'acte.

Dans l'examen de cette question nous envisagerons successivement : 1° le cas où la cession a mis complètement fin à l'indivision, par exemple si elle a été consentie au profit de l'un des cohéritiers par tous les autres ; 2° le cas où malgré la cession l'indivision subsiste entre quelques-uns des cohéritiers, si par exemple un cohéritier a cédé aux autres ses droits successifs.

PREMIÈRE HYPOTHÈSE : *Un cohéritier achète les droits successifs de tous les autres* : l'indivision a complètement cessé, y a-t-il partage ou vente ? Par cela même que l'effet d'une pareille cession est de faire cesser absolument l'indivision, nous croyons qu'il y a partage.

On trouve cependant quelques arrêts qui décident le contraire et reconnaissent à cette cession le caractère d'une vente (V. Toulouse 14 décembre 1850, Dev. 51, 2, 102 ; Grenoble 4 janv. 1853, Lyon 29 juillet 1853, Dev. 53. 2. 580). La Cour de Toulouse motive ainsi sa décision : « Par son titre même la cession de droits « successifs est une vente, le but en est la transmission « de la propriété, le cédant devenant étranger à la « succession et voyant ses droits passer sans exception « sur la tête du cessionnaire ; si un semblable accord « portant sur une hérédité ressemble à un partage, il en « diffère cependant essentiellement par ce fait qui lui est « propre, à savoir que le vendeur ne succède point au « défunt, et qu'il a stipulé un prix que l'acquéreur paie « sur ses deniers personnels ; et cela suffit pour écarter « l'art. 883 qui en déclarant que chaque cohéritier « succède seul et immédiatement à tous les effets tombés « dans son lot ou à lui échus sur licitation, suppose « évidemment que tous ont conservé dans la succession « qui a été partagée une portion égale à leurs droits, ou

« que du moins ils ont pu en acquérir la totalité sauf « paiement aux autres, par suite de l'inconvénient et de « la dépréciation du partage en nature ; mais le cas « prévu par cet article ne se réalise pas quand l'un des « cohéritiers convertit ce qui lui revenait en une somme « d'argent qui lui est comptée, non sur les deniers de la « succession, mais sur ceux que son cessionnaire prend « sur sa propre fortune ; aussi les art. 2103 et 2109 « n'accordent-ils de privilége aux copartageants que « pour la garantie du partage fait entre eux, des soultes « ou retours de lots et pour le prix de la licitation : au- « cun de ces recours ne peut naître en effet de la cession « de droits successifs, puisque le cessionnaire revien- « drait contre le cédant non en vertu de l'égalité à main- « tenir, mais par l'effet du droit qu'a l'acquéreur évincé « contre son vendeur ; au reste toute garantie pour le « paiement de la soulte ou du retour de lots disparaît « lorsqu'il n'y a eu ni lot ni différence dont l'un des « copartageants dût faire compte à l'autre, mais une « somme fixe moyennant laquelle le cohéritier cédant est « écarté de la succession ; il est évident enfin qu'il n'y a « pas à s'occuper d'un prix de licitation, puisqu'il ne « s'agit que d'une cession faite sans enchères et dans « les conditions habituelles d'une aliénation volontaire ; « l'art. 883 est donc mal à propos invoqué, son but est « de couper court aux droits réels consentis par des co- « héritiers sur des immeubles ne devant pas leur appar- « tenir, et non de caractériser les divers actes pouvant « intervenir entre les cointéressés, et notamment de « qualifier vente ou partage la cession de droits succes- « sifs, cession qui doit être dénommée suivant les stipu- « lations qu'elle contient. L'art. 888 il est vrai admet « l'action en rescision contre tout acte qui a fait cesser « l'indivision entre cohéritiers, encore qu'il soit qualifié

« de vente, échange, ou transaction; mais le maintien à « tout prix du sage principe de l'égalité suffit à expli- « quer cette disposition, dont l'intention n'aurait pas « été remplie s'il avait suffi de simuler une convention « pour faire perdre au traité intervenu son véritable ca- « ractère, et il importait alors que, nonobstant la forme « extérieure de l'acte, le magistrat pût en examiner la « partie intrinsèque et le véritable caractère; l'art. 888 « n'a donc pas dit que l'acte serait rescindable parce « qu'il constituait nécessairement un partage, mais « parcequ'il pouvait cacher un mensonge, et l'on saurait « d'autant moins déduire de là qu'une cession sincère de « droits successifs constitue un partage que c'est l'art. « 889 qui lui donne son véritable caractère, en dispo- « sant expressément que l'action en rescision n'est pas « admise contre un acte de cette nature fait sans fraude « aux risques et périls du cohéritier cessionnaire..... »

Telle est dans son entier la théorie développée par la Cour de Toulouse; si graves qu'en paraissent les arguments, nous croyons néanmoins pouvoir les réfuter, assisté d'ailleurs dans cette tâche par la majeure partie de la doctrine et de la jurisprudence. »

Ce système objecte d'abord qu'il n'y a pas partage là où le cessionnaire seul prend en nature les biens héréditaires, tandis que les autres cohéritiers n'obtiennent qu'une somme d'argent qui n'est pas prise sur les deniers de la succession : mais on peut répondre que la licitation n'a pas d'autre effet, que lorsque le bien licité est adjugé à l'un des cohéritiers les autres n'ont également qu'une somme d'argent prise sur les deniers personnels de l'adjudicataire, et que cependant à cet égard la loi elle-même assimile la licitation au partage; où serait dès lors la raison de distinguer? — On invoque encore les art. 2103 et 2109 qui n'accordent le privilége des copartageants que pour la garantie du partage, les soultes ou retours de lots, le prix de licitation, et qui ne parlent pas du prix d'une cession de droits successifs : il est encore facile de répondre par les art. 883 et 888, dont les termes sont tout à fait généraux et permettent d'assimiler au partage tout acte qui en produit le résultat, même une vente, pourvu que cet acte fasse cesser absolument l'indivision ; d'ailleurs la licitation est evpressément mise par les articles 2103 et 2109 sur la même ligne que le partage, et la cession de droits successifs à laquelle nous faisons allusion n'est pas autre chose qu'une licitation volontaire par un cohéritier à tous les autres (Lyon 1er mars 1865 Dev. 65. 2. 166 ; Nîmes 22 août 1865 ; Limoges 29 décembre 1868. — Demante t. III n° 225 bis II; Demol : Succ. t. V n° 279) Et si pour apprécier l'acte l'on ne considère que le résultat, il n'y a pas lieu de distinguer, pourvu qu'il se produise et que l'indivision cesse absolument, si la cession a été faite ou non aux risques et périls du cessionnaire : un contrat en effet ne change pas de nature parce qu'on lui adjoint une clause qui en modifie la portée (Cass. 10 novembre 1862).

Une opinion intermédiaire se refuse à admettre notre solution quand il résulte des termes de l'acte, ou de l'exécution que les parties lui ont donnée, qu'elles ne l'ont considéré elles-mêmes que comme une vente ; elles l'ont par exemple fait transcrire comme un contrat de vente, ou une inscription d'office a été prise après les 60 jours, ou encore le cédant s'est réservé expressément le privilége ou l'action résolutoire du vendeur, et on se trouve alors en présence des art. 1101, 1134, 1156, qui exigent que le caractère des conventions soit apprécié d'après la volonté des parties contractantes (Cass. 25 juin 1845, 29 juillet 1857). Nous n'admettons pas ce tempérament, car il nous paraît que la nature d'une convention ne peut pas dépendre uniquement de la volonté des parties ; surtout dans notre matière, ce n'est pas le nom qui a pu être donné à l'acte, mais le fond même des choses qui doit en déterminer le caractère : *contractus ex pactis non ex verbis discernuntur* (V. Lyon 1er mars 1865 ; Riom 17 août 1853.)

DEUXIÈME HYPOTHÈSE : Nous supposons que la cession de droits successifs n'a pas fait cesser complètement l'indivision entre les cohéritiers : par exemple *l'un d'eux a vendu ses droits successifs aux autres cohéritiers.*

Si nous remontons vers l'ancien droit nous voyons que les auteurs, non sans beaucoup d'hésitation, avaient fini par se fixer dans le sens du partage. « Il « n'y a point de règle, disait Guyot dans son traité des « licitations, ch. 3. sect. 3 § 4, n° 3, qui oblige les « associés à ne sortir de communauté qu'en la rompant « avec tous. Tous les associés ne faisant qu'un, l'un « peut liciter sa portion soit avec un, soit avec tous ; « cela ne fait que diminuer le nombre des copropriétaires, mais il n'y a point de changement de propriétaire, ils ont tous *totum in toto et totum in qualibet* « *parte.* Dès que ce sont les mêmes copropriétaires qui « ont payé les droits de l'acquisition première, que « cela se fasse par un abandon de ses droits à tous ou « par un autre acte qui remette à tous ceux qui restent, « ou à quelques-uns d'entre eux, le droit d'un des copropriétaires, cela est indifférent : c'est toujours un acte « qui n'a trait qu'à la dissolution de la communauté et « dans lequel l'esprit des contractants est de *partager* « et non de *vendre...* »

Pothier, le guide habituel des rédacteurs du Code, est tout aussi affirmatif : « Pour qu'une vente que l'un

« de plusieurs cohéritiers fait de sa portion à son « cohéritier soit un partage, il n'est pas nécessaire « qu'elle dissolve toute communauté, il suffit qu'elle « la dissolve entre eux deux. Par exemple si l'un de « quatre héritiers vend à un autre sa portion, quoique « celui qui l'acquiert demeure en communauté avec les « deux autres, cet acte n'en tient pas moins lieu de « partage; car il suffit qu'il dissolve la communauté « avec celui qui a vendu sa portion. » (Traité des fiefs. 1. 5 § 3.).

Néanmoins c'est un point sérieusement controversé aujourd'hui, que de savoir si la fiction créée par l'article 883 existe non seulement quand l'acte fait cesser absolument l'indivision pour tous les co-propriétaires, mais aussi lorsque malgré cet acte les biens qui en font l'objet continuent de rester indivis. La question est délicate tant au point de vue fiscal qu'au point de vue civil, puisque le fisc, s'il y a vente, peut réclamer le droit de mutation augmenté du droit de transcription, et que dans le même cas les hypothèques acquises avant la cession sur la portion d'immeubles cédée continueront de la grever, au lieu de se trouver immédiatement sans effet comme consenties *a non domino*.

Quelques arrêts (Paris 11 janvier 1808; Montpellier 19 juillet 1828 et 21 décembre 1844) et plusieurs auteurs (Duvergier Vente II, 147; Champ. et Rigaud III. n°s 2734-7; Mourlon, Transcr. 179) admettent l'application de l'art. 883. Ils se fondent d'abord sur l'opinion unanime de l'ancien droit, que les rédacteurs du Code ont certainement entendu maintenir, puisqu'il n'apparaît pas, par les travaux préparatoires, qu'ils aient voulu innover à cet égard. Au contraire, loin d'y déroger, on peut dire que le législateur de 1804 a sanctionné formellement l'ancienne règle dans l'article 888, qui considère comme partage tout acte, de quelque nom qu'on l'ait appelé, qui a non pour *effet*, mais seulement pour *objet* de faire cesser l'indivision, et qui de plus n'exige pas que l'acte soit passé entre tous les cohéritiers pourvu qu'il le soit entre cohéritiers. C'est logique, ajoute-t-on, car l'acte qui fait sortir de l'indivision un seul des copropriétaires est nécessairement de même nature que celui qui les en fait sortir tous ; ces actes ne sont après tout que des opérations préparatoires du partage lui-même, ils doivent dès lors participer de sa nature et s'identifier avec lui. Il est enfin inexact de donner *a priori* et d'une façon absolue à l'art. 883 le caractère d'une fiction qu'il ne faudrait pas étendre au-delà du cas spécialement prévu : chaque cohéritier reçoit en effet du défunt une propriété conditionnelle sur les objets composant la succession, c'est-à-dire une propriété subordonnée au résultat du partage, événement futur et incertain (art. 815) ; chacun ne peut aliéner ou hypothéquer que sous la condition du partage, car les droits qu'il peut conférer sur ces biens sont nécessairement affectés de la même condition que son droit de propriété : *resoluto jure dantis resolvitur jus accipientis* (art. 2125) ; il faut donc chercher dans l'art. 883 autre chose qu'une simple fiction et l'effet déclaratif du partage qu'il consacre n'est après tout qu'une conséquence logique de la maxime admise déjà par nos anciens auteurs : « *Le mort saisit le vif.* »

Nous croyons néanmoins avec la majeure partie de la doctrine et de la jurisprudence que la cession de droits successifs, consentie par un héritier au profit de tous ou de quelques-uns de ses cohéritiers, constitue, non pas un partage, mais une vente. Une cession de droits successifs est par sa nature propre translative de propriété, et elle ne peut être considérée comme simplement déclarative qu'autant qu'elle revêt le caractère d'un partage et qu'elle fait cesser l'indivision entre tous, ce qui n'a pas lieu dans l'espèce que nous examinons. La règle du partage déclaratif, consacrée par l'art. 883, est en effet très-grave au point de vue de l'intérêt des tiers, et malgré tout ce qu'on a pu dire elle ne constitue qu'une fiction rigoureuse qui à ce titre ne doit être appliquée que dans les termes mêmes du texte qui l'a établie : *fictio ultra casum fictum non operatur.* Or cette disposition n'est applicable qu'autant que l'acte intervenu a fait cesser l'indivision à l'égard de *chaque cohéritier;* l'acte que nous envisageons lui échappe donc, puisqu'il n'a fait cesser aucune indivision ; il n'est pas même intervenu dans l'hypothèse que prévoit l'art. 883, celle de partage, puisque malgré lui la chose demeure indivise et que le partage de cette chose reste toujours à faire. Au reste la loi entend si bien parler d'actes accomplissant la division effective des choses communes et les faisant sortir définitivement de leur état de communauté, que lorsque ce même article 883, dans la seule phrase que pourrait invoquer le système contraire, parle de l'ex-communiste qui est réputé n'avoir jamais été propriétaire de la portion qui lui échappe, il ne présente cette idée que secondairement et corrélativement à cette autre idée, que la même portion appartient exclusivement à un autre qui est censé en avoir toujours été le seul propriétaire. Les deux parties de cet article sont incontestablement connexes et comme la seconde disposition ne pourrait pas se réaliser dans l'hypothèse que nous étudions, puisque les copartageants cessionnaires restent dans l'indivision, on est bien obligé d'admettre que la première, qui n'en est que le corollaire, ne saurait s'y appliquer davantage.

Ce dernier système trouve enfin un autre argument d'analogie dans l'art. 1er § 4 de la loi du 23 mars 1855 qui, en déclarant sujet à transcription tout jugement d'adjudication autre que celui rendu sur licitation au profit d'*un* cohéritier ou d'*un* copartageant, admet par cela même que si ce sont deux copartageants qui se rendent adjudicataires, la licitation ne fait pas cesser l'indivision, et que le jugement n'étant pas équipollent au partage doit être transcrit.

On objecte, il est vrai, que l'art. 888 admet l'action en rescision pour cause de lésion contre tout acte faisant cesser l'indivision, même seulement à l'égard d'un ou de quelques-uns des héritiers, et notamment contre la vente de droits successifs faite à un cohéritier par les autres cohéritiers ou par l'un d'eux ; et qu'il faut en conclure qu'aux yeux de la loi toute cession par un cohéritier à tous les autres ou à l'un d'eux tient lieu de partage. Mais il est facile de répondre que l'objet de ces articles est tout autre que celui de l'art. 883. Ce dernier vise les conséquences du partage non seulement à l'égard des cohéritiers mais aussi à l'égard des tiers, conséquences fort graves qu'il faut savoir restreindre dans leurs justes limites. L'art. 888 au contraire a trait à l'action en rescision entre les copartageants, il n'a pour but que de maintenir l'égalité entre eux, et il n'est pas étonnant qu'à ce point de vue le législateur ait assimilé à des partages des actes n'en ayant pas par eux-mêmes le caractère. Au surplus, aux termes de l'art. 888 lui-même il faut, pour attribuer à un acte quelconque entre cohéritiers ou copropriétaires les caractères et les effets d'un partage, que cet acte ait tout à la fois pour objet et pour résultat de faire cesser l'indivision : or l'opération ici prévue ne remplit pas cette condition essentielle, puisque les cessionnaires restent sous le rapport de l'indivision dans la même situation, et qu'aucun des cointéressés n'est censé avoir succédé seul et immédiatement à une part déterminée de la succession ; cette convention ne constitue donc pas un partage, mais un contrat de vente opérant mutation de la part du cédant envers les cessionnaires. (V. Cass. 7 août 1855, Dev: 56. 1. 350).

Nous sommes ainsi fondé à conclure, en prenant pour base les textes mêmes de notre Code, que l'art. 883 n'est pas applicable à la cession de droits successifs faite par l'un des cohéritiers soit à quelques-uns de ses cohéritiers seulement, soit même à tous ses cohéritiers ensemble. C'est le système fidèlement suivi par la Cour suprême et par la généralité des Cours d'appel. (V. Cass 2 avril 1851 ; 22 nov. 1854 ; 26 févr. 1866 — Montpellier 9 juin 1853 ; Lyon 29 juillet 1853.) Les meilleurs jurisconsultes ont aussi donné à cette thèse l'appui de leur talent. (Aubry et Rau t. v. § 625 note 10 ; Marcadé art. 883-IV ; Demante t. III. n° 225-bis II ; Demol : succ. t. v. n°s 284 et suiv.)

Certains arrêts en ont déduit notamment que les créanciers personnels de l'héritier cédant conservaient le droit de provoquer le partage de la succession conformément à l'art. 2205 C. Civ. dans le but par exemple d'exercer sur la portion qui serait revenue à cet héritier des droits d'hypothèque générale (Req. 2 avril 1851) ; ou que cette cession n'était pas de nature à empêcher l'effet utile de l'opposition à partage formée par un créancier, même postérieurement au transport, mais avant la consommation d'un partage régulièrement opéré (Paris 18 fév. 1853).

Il importe maintenant de se demander quel sera l'effet du partage ou de la licitation qui interviendra ensuite entre l'héritier cessionnaire des droits successifs de l'un des cohéritiers et les autres. Nous savons que les cessionnaires demeurés dans l'indivision, soit entre eux, soit avec ceux qui n'ont point pris part à l'opération, sont considérés purement et simplement comme ayant cause des cédants, tenus en conséquence de leurs faits et soumis au même droit d'enregistrement que pour une vente ordinaire. Mais ce résultat ne peut certainement pas empêcher d'appliquer l'art. 883 au partage en nature qui interviendra ensuite entre le cesssionnaire et les autres cohéritiers : seulement sur les biens qui tomberont dans son lot et qui représenteront la portion héréditaire de son cédant, le cessionnaire sera tenu des charges créées par le cédant, comme il le serait de celles qu'il aurait créées lui-même (V. Demante t. III. n° 225 bis II). En serait-il de même dans le cas où, une licitation ayant eu lieu, le cohéritier cessionnaire de l'un de ses cohéritiers se serait rendu adjudicataire du bien licité? La négative a été consacrée en ces termes par un arrêt de Caen du 17 nov. 1841 : « Considérant qu'il résulte de l'art. 883 que les hypothèques des créanciers d'un cohéritier ne sont que conditionnelles et ne peuvent en définitive avoir d'effet que sur les immeubles qui lui échoient soit par le partage soit par la licitation; — Considérant que telle était la condition de l'hypothèque légale de la dame Pelcat relativement aux biens qui pouvaient revenir à son mari de la succession des père et mère de ce dernier; — Que la vente par lui faite de tous ses droits successifs à la dame Rouelland sa sœur par acte du 24 fév. 1839, laissait cette hypothèque dans le même état qu'auparavant; qu'elle n'aurait frappé, si le partage eût pu se faire en nature, que sur les immeubles qui auraient été dévolus à la dame Rouelland, du chef du cédant, et nullement sur ceux qu'elle aurait recueillis de son propre chef; que la licitation étant sous ce rapport assimilée au partage, les biens échus par cette voie à la dame Rouelland sont également libres de ladite hypothèque, tout aussi bien que si un autre cohéritier en fût devenu adjudicataire... » On ne peut s'arrêter à une doctrine plus juridique : la cession n'avait pas mis fin à l'indivision, le partage restait toujours à faire, le cohéritier cessionnaire gardait donc en sa qualité de cohéritier le droit d'y prendre part et d'en invoquer les effets ; or il s'est rendu en cette qualité adjudicataire sur licitation, il est donc censé aux termes de l'art 883 avoir succédé seul aux biens à lui échus de cette manière, et cela non pas comme cessionnaire ou ayant cause de ses cohéritiers vendeurs, mais bien en vertu de sa propre vocation héréditaire et de l'effet déclaratif de la licitation : n'en résulte-t-il pas dès lors que la portion qui dans son lot représente désormais la portion héréditaire de ses cédants n'est que celle qui pouvait leur revenir dans le prix de l'adjudication, c'est à dire une simple valeur mobilière non susceptible d'hypothèque ? (V. Demol : t. v. succ. p. 327).

III. — Dans les deux hypothèses que nous venons d'examiner nous avons supposé la cession intervenue entre cohéritiers : or il peut se faire que le cessionnaire d'un des cohéritiers soit un tiers, étranger à la succession. Que se passera-t-il alors ? On suivra les règles de la vente, cela est certain, mais l'art. 883 sera-t-il applicable au partage qui interviendra ensuite entre ce tiers cessionnaire et les autres cohéritiers ? Et si ce cessionnaire se rend adjudicataire sur licitation de la totalité d'un bien de la succession, les charges qui avaient grevé ce bien durant l'indivision, du chef des autres cohéritiers, le grèveront-elles encore dans les mains du cessionnaire, ou seront-elles au contraire résolues par l'effet déclaratif de la licitation? On a soutenu que l'art. 883 n'était pas applicable dans ce cas, par le motif que cet article exige que l'indivision, à laquelle il a été ainsi mis fin, ait eu pour origine et pour cause un titre commun entre tous les copartageants; or le titre primitif du tiers cessionnaire c'est une vente et ce n'est qu'à titre de vente qu'il peut acquérir les portions de ses copartageants. (Douai 2 mai 1848. Dev: 49. 2. 394). Cette thèse a été reprise par quelques auteurs de mérite. Ils ont d'abord invoqué l'autorité historique: l'effet translatif du partage romain, s'il avait l'avantage de donner aux créanciers héréditaires plus de sécurité, avait l'inconvénient d'associer les héritiers non grevés de dettes aux hypothèques créées par leurs cohéritiers et surtout de donner prise aux taxes considérables des droits féodaux, or Dumoulin n'en maintenait pas moins les droits des seigneurs quand un étranger se rendait adjudicataire sur licitation; le principe déclaratif ne l'emportait que s'il y avait communauté d'origine dans les colicitants; une cession postérieure faisant intervenir un élément étranger à la consanguinité ou à l'acquisition originaire suffisait à le faire disparaître. Si la licitation, ajoute-t-on, a aujourd'hui un effet déclaratif, ce n'est que grâce à une fiction uniquement établie en faveur d'une communauté d'origine, et qu'un étranger ne saurait invoquer. Enfin on ne peut nier que lorsque tous les cohéritiers ont vendu en même temps à un tiers, le principe translatif reçoit certainement son application, pourquoi voudrait-on dès lors que ce spéculateur, soumis au retrait, soit mieux traité comme adjudicataire que comme cessionnaire de tous les cohéritiers? Il faut donc conclure que l'adjudicataire qui n'a de titre antérieur que celui qui résulte d'une ou de plusieurs cessions partielles est censé avoir acheté des cohéritiers non adjudicataires aussi bien que de ses cédants, qu'il doit dès lors faire transcrire l'adjudication et purger *erga omnes,* tandis qu'à tous les points de vue le cohéritier adjudicataire sera protégé par le principe déclaratif; que par suite les cohéritiers non adjudicataires ont contre ce tiers la créance privilégiée du vendeur (art. 2108) et non celle du cohéritier (art. 2109) qui suppose la communauté de titre et d'origine, qu'ils ont aussi le droit de résolution, et qu'enfin leur droit de propriété ne s'efface pas rétroactivement, au préjudice de leurs propres créanciers et au profit des créanciers du cessionnaire ou du cédant. (V. Berger : *De l'adjudication sur licitation à laquelle participe un étranger cessionnaire de droits successifs.* — Revue pratique t. 42, p. 534).

A toutes ces raisons il est facile de répondre que nos anciens auteurs étaient loin de s'entendre sur la nature de ce titre commun qu'on exigeait pour l'application du principe déclaratif ; Pothier lui-même, qui assujetissait le cessionnaire étranger, devenu adjudicataire, aux droits féodaux, semblait néanmoins l'affranchir des hypothèques émanant des cohéritiers non adjudicataires. Du reste la cession a pour effet de mettre le cessionnaire quel qu'il soit, au lieu et place du cédant, et c'est bien par conséquent en vertu du titre primitif de celui-ci qu'il se présente au partage. C'est ce qu'a déclaré très-nettement la Cour de cassation elle-même dans un arrêt du 27 janv. 1857 (Dev : 57. 1. 665), ainsi motivé : « Attendu que du rapprochement des art. 883, 1476 et 1872 du C. Civ. il résulte qu'il est de principe général en matière de partage que chaque copartageant est censé avoir succédé seul et immédiatement à tous les effets compris dans son lot, ou à lui échus sur licitation, et n'avoir jamais eu la propriété des autres effets ; qu'aucune disposition de la loi n'exige, pour l'application de ce principe, que les cohéritiers ou associés le soient devenus au même titre ; — que s'il résulte des lois spéciales sur l'enregistrement que les dispositions de l'art. 883 ne sont pas applicables dans les matières que ces lois régissent, elles reprennent tout leur empire dans les matières de droit commun ; — Attendu que la vente qu'un cohéritier fait de ses droits successifs à un tiers, emporte, lorsque le retrait n'a pas été exercé, subrogation pleine et entière de l'acquéreur dans les droits de son vendeur ; — que l'acquéreur peut, comme le vendeur l'aurait pu lui-même, demander le partage des biens communs ; — que si le partage s'opère en nature, l'acquéreur est censé avoir, du chef de son vendeur, succédé seul et immédiatement à tous les effets compris dans son lot ; — qu'il serait impossible d'admettre, sans violer le principe d'égalité qui doit régner dans les partages, que les immeubles compris dans le lot du cessionnaire fussent grevés des hypothèques créées par les copartageants durant l'indivision, pendant que les immeubles échus à ces derniers seraient libres de toutes hypothèques de même nature ; qu'il n'en peut être autrement lorsqu'il y a licitation, puisque la licitation est assimilée au partage ; — qu'il suit de là que la licitation, qui s'opère entre l'acquéreur des droits d'un copartageant et les autres copropriétaires, doit produire le même effet que celle qui aurait eu lieu entre tous les cohéritiers, avant la vente... » Il y a aussi dans le même sens un arrêt de Bourges du 31 août 1814, et un arrêt de Bordeaux du 12 juillet 1858. Enfin le 29 mai 1876 la Cour suprême jugeait encore que le cessionnaire étranger, devenu adjudicataire sur licitation, était affranchi des hypothèques consenties pendant l'indivision par les cohéritiers autres que ses cédants, mais qu'il restait grevé des hypothèques procédant du chef de ceux-ci ou du chef des auteurs communs; le même arrêt décidait en conséquence que ce tiers était tenu de faire transcrire le procès-verbal d'adjudication, par la raison que l'adjudicataire était déjà propriétaire d'une partie de l'immeuble en vertu de la cession et qu'il avait à purger les hypothèques de son cédant et des propriétaires antérieurs.

Avec ce système, que nous adoptons pleinement, les cohéritiers non adjudicataires ont contre le cessionnaire étranger devenu adjudicataire le privilége des copartageants inscrit dans l'art. 2109, tout comme si l'adjudication avait été prononcée au profit d'un cohéritier; de plus, leur droit de propriété s'efface rétroactivement au détriment de leurs propres créanciers, qui ont d'ailleurs la faculté d'intervenir au partage pour empêcher qu'il soit fait en fraude de leurs droits. (art. 882).

Il faut reconnaître toutefois que la Cour de cassation s'autorise des dispositions de la loi du 22 frimaire an VIII pour décider que la condition du titre commun est nécessaire pour que l'art. 883 soit applicable en matière fiscale: il n'y a cependant aucune raison de distinguer, si ce n'est toutefois le désir de réprimer les nombreuses fraudes qui auraient pu se produire, si le principe déclaratif de propriété avait abrité, même en face de l'enregistrement, les acquéreurs étrangers à la famille. La Cour de Douai a été certainement plus logique en assimilant complètement les matières civiles aux matières fiscales.

§ 2.

Quand peut avoir lieu la cession de droits successifs.

Pour qu'on puisse céder ses droits à une succession il faut avant tout que cette succession soit ouverte : dans un intérêt d'ordre public le Code a prohibé tout pacte sur succession future. Le législateur attachait même une telle importance à cette prohibition qu'il n'a pas craint d'écrire trois articles pour la consacrer (art. 791. 1130. 1600). « On ne peut aliéner les droits « éventuels qu'on peut avoir à la succession d'un homme « vivant. » — « On ne peut renoncer à une succession « non ouverte, ni faire aucune stipulation sur une « pareille succession même avec le consentement de « celui de la succession duquel il s'agit. » — « On ne « peut vendre la succession d'une personne vivante « même de son consentement. »

En édictant ces règles le législateur de 1804 a certainement été dominé par l'idée qu'il n'était ni décent ni moral d'espérer une succession future, alors surtout qu'on espérait par là même la mort de la personne qui devait y donner ouverture. Mais si la crainte du *votum mortis* a exercé une grande influence sur l'esprit des rédacteurs du Code, on ne peut pas dire cependant que ce soit là le seul motif de la prohibition, puisque la constitution de rente viagère que la loi autorise sur la tête d'un tiers est à ce point de vue non moins dangereuse. On a aussi voulu prévenir le danger social qui résulterait de l'interversion et de la perturbation que ces sortes de pactes pourraient, en se multipliant, apporter dans la transmission héréditaire des fortunes, telle qu'elle a été organisée par la loi. Ce qui a pu enfin déterminer le législateur, c'est que dans les contrats qui ont pour objet une succession future, le droit du futur héritier est incertain comme aussi l'émolument qui doit en provenir : en présence de cette double incertitude, l'héritier présomptif peut ne pas se rendre un compte exact de la valeur de la succession à venir et se laisser facilement entraîner par la cupidité ou le besoin à aliéner à vil prix un droit qui lui semble peu important par son éloignement. Une loi qui, comme la nôtre, tend à établir l'égalité dans les contrats devait prohiber des conventions susceptibles de léser l'une des parties, alors surtout que la rescision pour lésion n'était pas admise : c'est dans le même esprit que l'art. 1837, qui n'est que le corollaire de l'art.1130, s'oppose à ce que les sociétés universelles de gain comprennent les biens advenant aux associés par succession ou par legs.

Nous savons que le droit romain prohibait aussi les pactes sur les successions futures : « *hujusmodi pactiones*, disait la loi 30 C. de pactis, *odiosæ esse videntur et plenæ tristissimi et periculosi eventus.* » Il y avait cependant exception, du moins depuis Justinien, quand le *de cujus* y donnait son consentement et ne l'avait pas retiré avant son décès. Notre Code, plus rigoureux, n'admet pas que le consentement de celui de la succession duquel il s'agit puisse valider un pacte dont cette succession serait l'objet : on en a conclu que dans notre droit on ne peut pas plus traiter de sa propre succession que de la succession d'un autre. Notre ancienne jurisprudence avait bien aussi décidé d'après le droit romain qu'on ne pouvait pas renoncer à la succession d'une personne vivante, mais dans le but de conserver les biens dans la famille elle autorisait les renonciations à succession future dans les contrats de mariage par les filles ou mâles puînés au profit du frère aîné. Le législateur nouveau, plus absolu, prohibe toute renonciation même par contrat de mariage, et tous pactes quelconques relatifs à la succession d'une personne vivante.

Une cession de droits éventuels à une succession non ouverte serait frappée de nullité radicale, basée sur l'ordre public, invocable par tout intéressé, et même susceptible d'être prononcée d'office par le juge (Paris 4 fév. 1863) ; aucune ratification, même postérieure au décès du *de cujus,* ne pourrait la couvrir, *quod non est confirmari nequit ;* comme on n'est pas en face d'une nullité relative, on pourra à toute époque opposer l'exception à celui qui demandera l'exécution de fa convention, et même, si l'exécution a eu lieu, le cédant pourra pendant 30 ans, à partir de la mise en possession, revendiquer les objets entre les mains du cessionnaire: c'est en ce sens que s'est fixée la jurisprudence depuis 1834. (V. Limoges 6 avril 1838, Aix 2 fév. 1840, Cass. 8 nov. 1842, 14 nov. 1843, 11 nov. 1845, Dev : 43. 1. 33 ; 44, 1. 229 ; 45. 1. 785. — *sic* Troplong. Vente 1. 249, Marcadé art. 1304-IV ; *contrà* Duvergier. Vente I. 230). Il va sans dire que de la nullité de la convention principale résulterait nécessairement la nullité de la promesse de payer des dommages-intérêts en cas d'inéxécution, comme aussi la nullité de toute clause pénale ou cautionnement (art. 1227, 2012), sauf le droit de l'acheteur de bonne foi à des dommages-intérêts en vertu du principe de droit commun écrit dans l'art. 1382.

Il est à remarquer que le vice d'une pareille convention provient tant de l'intention qu'ont eue les parties que de l'état réel des choses : les motifs de la prohibition s'appliquent en effet dans les deux cas. Ainsi la vente serait nulle lors même que le cédant aurait cru par erreur à la mort de la personne dont il devait hériter, ou qu'à l'inverse il aurait cru la succession non ouverte, bien qu'elle le fût en réalité lors de la cession. (Larombière: oblig. t. I p. 249). C'est dans le même esprit que le 4 février 1863 la Cour de Paris a annulé un acte de cession de droits successifs, signifié le jour même du décès du *de cujus*, mais préparé ou signé avant le décès, la date seule restant à remplir.

La prohibition s'applique tant aux contrats qui auraient pour objet l'universalité ou une quote-part de l'universalité d'une succession non encore ouverte, qu'à ceux qui auraient pour objet des droits héréditaires éventuels sur des choses déterminées, l'art. 791 est formel à cet égard. Mais il en serait autrement si les choses qui font l'objet du contrat n'avaient pas été considérées comme des objets héréditaires futurs, et si celui qui traitait relativement à ces choses n'agissait pas en qualité d'héritier éventuel. C'est en effet la manifestation dans l'acte de prétentions héréditaires qui est la caractéristique du pacte sur succession future et qui sépare ce pacte de la simple vente de la chose d'autrui. On comprend que si le pacte est exprès il y a mauvaise foi respective des parties et que l'acquéreur ayant un titre vicieux ne peut invoquer contre personne, vendeur ou tiers, les priviléges de la bonne foi, consistant à faire les fruits siens, à obtenir des dommages-intérêts ou à prescrire par 10 ou 20 ans; mais le silence des parties sur l'éventualité de la succession et sur les prétentions héréditaires du vendeur, prouvent que celui-ci n'a voulu considérer la chose que comme chose d'autrui, si même il ne l'a pas crue de bonne foi sienne, et il y a place dès lors pour la bonne foi de l'acquéreur qui pourra seul poursuivre la nullité de la vente contre le vendeur, obtenir s'il y a lieu des dommages-intérêts, faire les fruits siens, prescrire par 10 ou 20 ans, stipuler valablement une clause pénale en cas d'éviction ou de trouble ; de plus le contrat pourra être ratifié par le propriétaire. Ces principes ressortent d'un arrêt de la Cour de cassation du 23 janv. 1832 (J. du P. à sa date), qui décide qu'on ne peut considérer comme ayant le caractère d'un pacte sur une succession future (frappé d'une nullité absolue et non susceptible d'être couverte) l'acte par lequel des enfants, du vivant de leur père et en son absence, se partagent un immeuble appartenant à ce dernier et sur lequel ils ont hypothèque, sans que l'acte ne fasse aucune allusion à un partage ou à une vente de succession future, sans aucun rapport, sans aucune liquidation de la succession paternelle, et disposent de leur part dans cet immeuble non à titre d'héritiers, mais à titre de créanciers de la dot promise et hypothéquée sur ce domaine ; un tel acte ne saurait être considéré que comme vente de la chose d'autrui, dès lors la nullité dont il est entaché peut être couverte par la ratification du propriétaire, et le vendeur aux termes de l'art. 1304 n'est pas recevable après dix ans à attaquer en nullité la vente qu'il a faite lui-même et qu'il a exécutée.

La règle posée dans les art. 1130 et 1600 reçoit cependant, même dans notre droit, plusieurs exceptions. C'est ainsi que l'art. 761 interdit à l'enfant naturel toute réclamation sur la succession de son père ou de sa mère lorsqu'il a reçu de leur vivant, à titre de donation par lui acceptée, la moitié de ce que la loi lui attribue : en dehors de ce cas spécial, une pareille exhérédation se heurterait à la prohibition des art. 791 et 1130, et elle n'aurait aucun effet lors même que le *de cujus* aurait fait à son héritier présomptif, de son vivant, une donation sous la condition par lui acceptée qu'il ne pourrait rien réclamer au delà dans sa succession future. C'est ainsi encore que dans l'art. 918, pour donner un moyen aux parties de se soustraire à la présomption de gratuité qui pèse sur les aliénations à charge de rente viagère ou avec réserve d'usufruit qu'un père de famille consent à un de ses enfants, le législateur va jusqu'à déroger aussi à cette prohibition et à décider que ces aliénations seraient considérées comme sincères lorsque ceux dont elles pouraient léser les droits y auraient consenti, et qu'il y aurait même une fin de non recevoir contre les successibles qui, ayant reconnu eux-mêmes le caractère onéreux de l'aliénation lorsqu'elle a été faite, viendraient ensuite à l'ouverture de la succession en soutenir la gratuité.

On sait qu'à la différence du droit romain notre droit permet de disposer par acte entre-vifs de tout ou partie de sa succession, même en faveur d'un étranger, pourvu que cette disposition soit faite dans le contrat de mariage du donataire : c'est l'institution contractuelle. On s'est demandé à cet égard si le bénéficiaire de l'institution pouvait céder son droit pendant la vie de l'instituant ? Une grave controverse règne sur ce point entre les jurisconsultes. Pour la négative on a dit que l'art. 791 prohibait toute aliénation des droits éventuels qu'on pouvait avoir à une succession, et que le droit de l'institué, bien que dérivant d'un contrat et irrévocable, n'en était pas moins qu'un droit éventuel à une succession, puisque nonobstant le titre l'instituant pouvait aliéner tous ses biens à titre onéreux. On a ajouté que ce droit avait beaucoup d'analogie avec celui des héritiers à réserve, qui eux aussi ne peuvent être dépouillés par des actes à titre gratuit, et qui cependant n'échappent pas, cela est certain, à la prohibition de l'art. 791.

Enfin les considérations d'ordre public qui ont dicté cet article s'appliquent ici avec la même force : « Incertitude sur l'époque de l'ouverture du droit, dit M. Colmet de Senterre, incertitude sur le chiffre du patrimoine, partant spéculation dangereuse et immorale, parce que le cédant n'en peut apercevoir les conséquences, et que le cessionnaire profite de ses passions et de son aveuglement. » (t. IV. n° 256 bis III ; dans le même sens Duranton t. VI. n° 49, Troplong IV. n° 2355, Demol : Don. VI n° 324 ; Cass. 16 août 1841, Agen 17 déc. 1856 ; Dev. 57. 2. 1.).

Pour l'affirmative on soutient que si l'institué n'est saisi de la propriété effective qu'au décès de l'instituant, on ne peut contester qu'il soit saisi d'un droit, d'un titre, dès l'instant de la disposition ; il est certain que l'institution contractuelle confère plus qu'une espérance ou une expectative de succéder à l'instituant, le droit qui en émane est irrévocablement acquis puisque la qualité que le donateur a attribuée à l'institué ne peut plus lui être enlevée : c'est un droit conventionnel, actuel, irrévocable, qui par cela même devient susceptible de cession à la différence des simples expectatives de succession que le législateur avait en vue lors de la rédaction des art. 791, 1130 et 1600. L'ouverture de ce droit est subordonnée, il est vrai, tant au décès de l'instituant qu'à la survie de l'institué, l'objet sur lequel il repose n'existera sans doute que lors de l'événement, mais comme la disposition ne peut être révoquée ni directement ni indirectement au moyen de libéralités excédant la quotité disponible, qu'elle ne pourrait même l'être sans rétroactivité par une loi postérieure à celle sous l'empire de laquelle elle a été faite, c'est à bon droit qu'on peut prétendre l'institué investi dores et déjà d'un droit certain, plus certain même que celui de l'héritier

6

à réserve auquel on a voulu l'assimiler et dont toutes les espérances peuvent être anéanties par une loi postérieure, lui enlevant l'expectative de réserve que lui promettait la législation actuelle. La situation du donataire de biens à venir ne se distingue pas moins de celle de l'héritier ab intestat, le premier est certain de n'être pas dépouillé, le second est exposé aux caprices d'un testateur qui peut détruire ses espérances par des dispositions à titre gratuit : c'est que l'héritier est appelé par la loi au décès du *de cujus,* tandis que le donataire de biens à venir est investi, du vivant et par la volonté même de l'instituant, d'un titre irrévocable, sinon déterminé. « Il faut distinguer le titre et l'émolu- « ment, disait Jaubert dans son rapport au Tribunat, le « titre est irrévocable, quant à l'émolument il ne pourra « être véritablement connu qu'au décès. » Il n'est enfin contraire ni aux bonnes mœurs ni à l'ordre public de jouir d'un avantage qui a été concédé par un titre formel, et puisque la loi n'a pas craint d'autoriser une pareille disposition, comment le caractère en serait-il plus répréhensible entre les mains d'un cessionnaire qu'entre les mains du premier bénéficiaire ? Concluons donc que l'institué peut céder son droit, ou renoncer à l'exercer au détriment d'un tiers intéressé, d'un donataire de biens présents par exemple, ou d'un donataire de biens à venir postérieur, mais non de l'instituant ni de ses héritiers ab intestat à l'égard desquels ce serait une stipulation sur succession future.

Ce dernier système a été énergiquement soutenu par MM. Aubry et Rau (sur Zach. t. V. p. 521 et suiv.), Duvergier (Vente I. 232), Benech (de la quotité disp. p. 449), et nous lui donnerions aisément la préférence, s'il ne venait pas se heurter à une autre prohibition, portée par l'art. 1395 C. Civ. qui veut qu'après la célébration du mariage les conventions matrimoniales ne reçoivent aucun changement soit direct, soit indirect ; en annulant de ce chef une renonciation à une institution contractuelle entre futurs époux, la Cour de cassation, dans un arrêt du 11 janvier 1853 (Dev : 53. 1. 65), en donnait pour motifs « que la volonté de la loi, lorsqu'elle a garanti la fixité des conventions matrimoniales, a été d'assurer la paix intérieure des familles et leurs droits acquis, en fermant toute espérance et toute attente de modifications postérieures, et en ne permettant pas de livrer aux discussions et à l'incertitude des volontés réciproques les conditions solennellement arrêtées sur la foi desquelles le mariage a été contracté. »

On s'est demandé encore si le droit éventuel de l'appelé dans une substitution peut être cédé avant la mort du grevé? Nous pensons que la cession en est parfaitement valable : le substitué tient en effet son droit non du grevé mais du testateur ; en vertu de ce droit l'appelé est propriétaire sous la condition suspensive d'exister lors du décès du grevé, et de même que le légataire conditionnel peut céder son droit avant l'événement de la condition, l'appelé doit pouvoir céder son droit à la substitution qui n'est elle-même à son profit qu'un legs conditionnel, *a fortiori* quand la substitution a été faite par donation entre-vifs, surtout si le donateur est mort : ce n'est donc pas un pacte sur succession future et il y a lieu dans l'espèce à l'application du premier alinéa de l'art. 1130 aux termes dnquel les choses futures peuvent être l'objet d'une convention. C'était d'ailleurs la solution admise en droit romain, en matière de fidéicommis (l. 21. § 4 *de pactis*) ; c'était aussi celle qui dans l'ancien droit avait été consacrée par l'Ordonnance de 1747, et rien ne prouve que sur ce point le Code ait voulu innover (Coin-Delisle art. 1051 nr 36 ; Marçadé 1053 n° 1).

On a cependant soutenu le contraire : cette cession, a-t-on dit, ne pourra pas tenir s'il survient un nouvel enfant au grevé, que la loi appelle aussi à la substitution (V. Demol. Don. t. V. n° 599 ; Colmet de Senterre t. IV. n° 211 bis III) ; — Il est facile de répondre que ce que l'appelé a cédé c'est son droit tel qu'il est et tel qu'il sera au décès du grevé, la survenance d'un nouvel appelé n'aura pour résultat que de diminuer d'autant le droit du cessionnaire. On ajoute que la matière des substitutions a profondément été modifiée par le Code et que si l'Ordonnance de 1747 n'a pas voulu traiter le droit des appelés comme un droit à une succession future, c'est qu'elle n'exigeait aucune relation de famille entre le grevé et l'appelé, tandis qu'aujourd'hui l'appelé est nécessairement l'enfant du grevé, le grevé est nécessairement l'enfant ou le frère du disposant, et la substitution n'a pour but que d'assurer la transmission héréditaire par les voies légales dans des cas où elle aurait pu être compromise, ce qui permet de la considérer comme formant au profit de l'appelé un droit dans la succession du grevé et d'appliquer par suite les art. 791. 1130 et 1600. — A tout cela il n'y a qu'un mot à répondre, c est que l'appelé ne tient pas du tout ses droits du grevé mais du disposant ; *capit a gravante non a gravato.*

Il est non moins certain que le parent du 2e degré peut parfaitement céder ses droits éventuels à la succession, puisqu'il s'agit d'une hérédité déjà ouverte et que les droits futurs et conditionnels sont dans le commerce.

Examinons maintenant quels sont aux divers degrés de l'absence les droits des héritiers présomptifs de l'absent : dans la période de présomption d'absence c'est l'existence, et non la mort de l'absent, qui est présumée ; il n'y a donc pas succession ouverte et par suite les héritiers présomptifs ne peuvent pas céder leurs droits à des tiers. Nous estimons qu'il doit en être de même dans la deuxième période, celle de l'envoi en possession provisoire, car l'art. 125 ne considère les envoyés que comme dépositaires et administrateurs de la fortune de l'absent et leur permettre de se substituer quelqu'un serait enlever à l'absent une garantie, sur laquelle il aura eu le droit de compter. Mais quand l'envoi en possession définitif a été prononcé, la présomption de vie fait place à la présomption de mort, les envoyés peuvent aliéner les biens de l'absent ; nous en concluons qu'ils peuvent aussi céder leurs droits (Larombière, oblig. art. 1130 n° 23). La Cour de cassation a cependant maintes fois jugé que cette cession était valable à toutes les périodes de l'absence (3 août 1829, 2 déc. 1841 ; sic Demol : absence n° 130-1).

Enfin si le contrat porte tout à la fois, avec un prix unique, sur une succession ouverte et sur une succession non ouverte, quel en sera le sort? Il sera nul pour le tout, dit Troplong, car il forme un tout indivisible (Vente. t. I. 251 ; Toulouse 27 août 1833, Cass. 14 nov. 1843 Dev : 44. 1. 229). Il est préférable de donner aux tribunaux un souverain pouvoir d'appréciation qui leur permettra selon l'intention des parties de maintenir le contrat dans sa partie licite ou de l'annuler en entier. (Duverg. Vente I. 231 ; Dnmol : Contrats I. 329 ; Autry et Rau t. III p. 216 — Grenoble 8 août 1832 ; Orléans 24 mai 1849).

§ 3.

Par qui et à qui peut être faite une cession de droits successifs.

Tout héritier, qu'il tienne son droit de la loi ou de la volonté de l'homme, qu'il soit appelé à la succession à titre universel ou à titre particulier, qu'il soit héritier légitime ou successeur irrégulier, peut céder ses droits héréditaires.

L'héritier bénéficiaire le peut aussi, mais aux termes de l'art. 780 la cession par lui consentie entraîne la déchéance du bénéfice d'inventaire, et les art. 988 et 989 C. Proc. civ. confirment cette interprétation. On a soutenu qu'il n'en était pas ainsi, que l'art. 780 parlait d'un héritier qui n'a pas encore opté et qui était en présence du premier parti à prendre, l'acceptation pure et simple; qu'au reste la qualité d'héritier bénéficiaire n'était pas attachée à la personne, et que cet héritier pouvait céder ses droits tels qu'il les avait; qu'il y avait là une pure question d'intention à résoudre et qu'on ne devait pas présumer chez l'héritier l'intention de renoncer au bénéfice d'inventaire, d'autant moins que ce bénéfice pouvait lui laisser une chance de profit, si par événement l'actif surpassait le passif, et que rien ne pouvait l'empêcher de disposer à titre gratuit ou onéreux de cette chance; que d'ailleurs le cessionnaire serait complètement subrogé à l'héritier et qu'il n'en résulterait aucun préjudice pour les créanciers, auxquels il serait dû le même compte des biens contenus dans l'inventaire. (V. Demante t. III n° 126 bis III; Duverg. Vente II. 341; Duranton t. XVI. 528.) — On a répondu à ce système qu'il n'y avait pas là une question d'intention, mais une question de dechéance à appliquer dans les termes de la loi ; qu'il s'agissait uniquement de savoir si l'héritier avait aliéné les biens héréditaires avec ou sans les formalités judiciaires destinées à garantir les droits des créanciers: or l'aliénation des choses de la succession est un des effets importants de la cession et c'est là que réside précisément la cause de déchéance du bénéfice d'inventaire. On soutient vainement qu'il n'y a rien de changé dans la position des créanciers : il faut considérer que par la cession l'héritier rend plus périlleux le recours des créanciers contre lui , puisqu'il aura converti en argent les valeurs héréditaires, et que, contre l'acheteur, les créanciers héréditaires devront agir concurremment avec tous ceux de l'héritier en vertu de l'art. 1166 et par suite compromettre peut-être le succès de leur action. L'héritier bénéficiaire n'est au surplus qu'un mandataire. et à ce titre il n'a pas le pouvoir de se substituer quelqu'un dans l'exercice de son mandat (art. 1994). (En ce sens: Amiens 2 mai 1806.)

Ici, comme dans tous les contrats, le principe est la capacité (art. 902. 1594), l'incapacité est l'exception et suit d'ailleurs les règles de droits commun ; d'où :

1° Le tuteur du mineur ou de l'interdit ne pourra céder à titre gratuit les droits successifs de l'incapable; et la cession ne lui sera permise à titre onéreux qu'avec l'autorisation du conseil de famille, s'agît-il d'une succession purement mobilière (Arg. des art. 461. 465 et 509).

2° Les mêmes règles seront applicables au mineur émancipé (art. 484) : ainsi l'a décidé un arrêt de Pau du 30 janvier 1852 (Dall. 53. 2. 57).)

3° L'époux héritier ne pourra vendre à son conjoint ses droits successifs que s'il se trouve dans un des cas d'exception prévus par l'art. 1595.

4° Une pareille cession faite à titre gratuit entre époux sera essentiellement révocable (art. 1096).

5° La femme, même non commune ou séparée de biens, ne pourra céder ses droits à une succession immobilière sans l'autorisation du mari (217) ; mais s'il s'agit d'une succession mobilière échue à une femme séparée de biens, on discute le point de savoir si elle peut ou non céder ses droits sans autorisation : la jurisprudence qui tend à restreindre dans les limites du droit d'administration la faculté que l'art. 1449 accorde à cette femme de disposer de son mobilier et de l'aliéner, décide naturellement qu'elle ne peut seule céder ses droits à une succession mobilière. Pour nous qui appliquons l'art. 1449 2e alinéa à la lettre et sans restriction, et qui n'admettons pas qu'il ne soit que le corollaire de l'art. 217, nous n'avons pas de peine à donner ce droit à la femme séparée de biens, sans autorisation.

6° Sous le régime de la communauté légale le mari ne pourra vendre seul les droits successifs échus à la femme que s'il s'agit d'une succession mobilière, puisque dans ce cas c'est un bien commun qu'il aliène (arg. 1421.)

7° Enfin la cession de droits successifs faite à titre gratuit par le failli depuis l'époque déterminée par le tribunal comme étant celle de la cessation des paiements, ou dans les dix jours qui précèdent, sera tenue comme nulle au regard de la masse (C. Comm. art. 446).

Pour devenir cessionnaire de droits successifs la règle est encore la capacité ; sur ce point on aura de même à suivre les principes ordinaires. C'est ainsi que l'époux ne pourra acheter les droits successifs de son conjoint que dans les cas exceptionnels de l'art. 1595 ; que le tuteur ne pourra se rendre cessionnaire des droits de son pupille (450. 1596) ; que la femme mariée devra être autorisée par son mari pour accepter une cession ; que le tuteur devra l'être par le conseil de famille pour acccepter une cession faite à titre gratuit à son pupille (art. 463), etc.....

CHAPITRE II

Effets de la cession de droits successifs entre les parties.

Dans ce chapitre nous aurons à nous occuper successivement des obligations du cédant et des obligations du cessionnaire. Notre Code s'étant inspiré à cet égard des principes du droit romain, nous n'aurons pas à insister beaucoup sur cette matière que nous avons traitée dans la première partie de notre étude.

§ 1er.

Obligations du cédant.

L'objet d'une cession de droits successifs n'est pas le titre même d'héritier, qui reste attaché à la personne du vendeur, parce qu'il n'est pas au pouvoir de celui-ci de céder à un tiers son rang dans la famille ni de déplacer le choix fait par le *de cujus*. La cession ne porte pas davantage sur telles ou telles choses de la succession, ce qui est vendu c'est l'universalité héréditaire, c'est un ensemble de biens dont la composition n'est pas exactement déterminée, ce sont les conséquences bonnes ou mauvaises de la qualité d'héritier. A cet effet l'acheteur doit être mis dans la même situation que s'il était réellement héritier ; mais il doit accepter la situation tout entière et s'il a le droit d'exiger tout l'émolument de la succession, il devra aussi en supporter toutes les charges et mettre de son côté le vendeur dans la même position que s'il n'avait pas hérité.

De ce qu'il y a vente de l'universalité, et non des créances, des meubles ou des immeubles qu'elle comprend, des auteurs en ont conclu qu'il y avait lieu d'appliquer quant à la transmission de propriété les principes qui régissent la vente des choses indéterminées et que dès lors le cessionnaire ne deviendrait propriétaire que par la délivrance, qui seule devait déterminer l'universalité héréditaire. C'est en vain, a-t-on dit, qu'on voudrait appliquer ici le principe de l'art. 1138 et soutenir que la vente d'hérédité, ayant pour objet les divers biens de la succession, produit l'obligation de les livrer : cet article ne vise que le contrat portant sur des choses certaines et déterminées et l'art 1696 dit formellement que la vente d'hérédité ne comprend pas celle des objets héréditaires, dès lors, ces objets n'étant pas spécifiés dans la convention, il y a nécessairement vente de chose indéterminée et jamais une pareille vente n'a pu transmettre par elle seule à l'acheteur la propriété des biens qu'elle peut comporter. C'était l'avis de Pothier qui en concluait que jusqu'à la livraison le cédant restait propriétaire et pouvait transmettre valablement la propriété à d'autres qu'au cessionnaire, sauf le droit de celui-ci à des dommages-intérêts pour les objets que l'on n'a pu lui livrer (Pothier Vente n° 531) ; et si l'on objecte que cela tient à ce que la tradition transférait seule la propriété dans l'ancien droit, il est facile de répondre que c'est justement ce principe qui nous régit encore dans le droit actuel quand il s'agit de vente de chose indéterminée. (V. Laurent t. XXIV p. 556 et suiv.)

Nous croyons que le système que nous venons d'exposer repose sur une confusion : le vendeur promet tout ce qui est provenu ou proviendra de l'hérédité ; dans ces limites l'universalité qui a fait l'objet de la vente reçoit dès ce moment sa détermination et tombe ainsi sous le coup de l'art. 1138. Qu'importe dès lors que l'art. 1696 suppose que les objets de l'hérédité n'ont pas été spécifiés ? Le vendeur a certainement promis la propriété de tout ce qui est compris dans l'hérédité, et la conséquence naturelle de cette promesse est que les objets corporels, meubles ou immeubles, faisant partie de la succession, ont dû devenir de plein droit, dès le moment de la vente, la propriété de l'acheteur de l'hérédité. Si Pothier considérait le vendeur comme propriétaire jusqu'à la livraison, c'était par application des anciens principes sur l'effet de l'obligation de livrer ; mais aujourd'hui que cette obligation rend le créancier propriétaire aux termes de l'art. 1138, nous devons conclure qu'en s'engageant pas la cession à livrer les choses héréditaires le vendeur d'hérédité cesse immédiatement d'en être propriétaire.

Il ne s'agit d'ailleurs que de la translation de propriété *inter partes*, car à l'égard des tiers nous avons à réserver l'application de l'art. 1141 pour les meubles, et de la loi du 23 mars 1855 sur la transcription pour les immeubles.

La loi impose au cédant deux obligations principales : 1° la délivrance ; 2° la garantie ; nous allons les étudier successivement.

I. — La première obligation du cédant, soit à titre gratuit soit à titre onéreux, est, disons-nous, celle de délivrance. Dans l'exposition des différentes prestations dues de ce chef par le vendeur nous prendrons pour criterium, comme en droit romain, cette règle que l'acheteur acquiert tous les droits qu'anrait eus l'héritier s'il n'avait pas vendu et partant que le vendeur doit lui communiquer tous les bénéfices qu'il a retirés de l'hérédité ou qu'il pourra en retirer par la suite.

En vertu de cette règle le cédant doit délivrer au cessionnaire tous les objets héréditaires qu'il détient au moment de la cession ; il doit aussi non seulement tui assurer l'émolument à percevoir, mais encore lui tenir compte de l'émolument qu'il a retiré avant la cession, c'est-à-dire des fruits et revenus qu'il a perçus, des sommes qu'il a reçues des débiteurs de la succession, du prix qu'il a touché des biens héréditaires vendus ou de ce qu'il a pu acquérir en échange, le tout sauf réserve expresse dans l'acte de cession (art. 1697). Quant aux créances non encore payées, le cédant n'a qu'à en délivrer les titres au cessionnaire, de même que s'il n'a pas reçu le prix des choses vendues, il se libère en cédant à celui-ci son action contre les tiers acquéreurs, qu'ils soient solvables ou non, par simple mandat on même en vertu du contrat d'acquisition.

L'héritier ne répond pas des pertes ou des dégradations survenues, même par sa faute, avant la cession, car d'une part, d'après notre principe, le vendeur ne doit communiquer à l'acheteur que le profit qu'il a retiré de l'hérédité, et d'autre part l'héritier peut impunément détruire sa chose alors qu'il n'en est pas encore débiteur : et pourvu qu'il ne profite pas de cette destruction, comme au cas de consommation, il ne devra aucune indemnité. Pour les mêmes raisons il n'a pas à répondre des créances prescrites entre le décès et la cession, ni des transactions ou traités désavantageux faits dans la même période ; il devra seulement en rendre le prix à l'acheteur qui sera tenu d'exécuter les promesses du vendeur. Mais il doit par cela même raison du prix des choses vendues et payées, eussent-elles péri par cas fortuit avant la délivrance aux acheteurs.

Le cédant doit-il la valeur des objets héréditaires dont il a fait donation avant la cession? Nous savons qu'Ulpien, dans la loi 2 § 3. D. *de hered vend.*, se prononçait pour l'affirmative; Pothier n'hésitait pas non plus à rendre le cédant comptable de l'estimation de la chose donnée: il doit, disait-il, *omne quod ex hereditate pervenit* et la chose donnée lui est parvenue de ce chef bien que par la suite il en ait disposé (n° 535). De nos jours la doctrine résout généralement la question dans le même sens; elle en donne pour raison que l'héritier a certainement profité de la donation en épargnant d'autant ses biens personnels. (Duranton t. XVI n° 522; Troplong. n° 967; Marcadé n° 1696-III; Aubry et Rau t. III p. 320.) Nous adoptons néanmoins l'opinion contraire, car à la différence du cas où l'héritier a vendu, rien n'a remplacé dans le patrimoine du donateur la chose qui en est sortie. Si au point de vue de la restitution on doit considérer ce qui est parvenu de l'hérédité, il y a aussi à tenir compte du bénéfice que le cédant a pu retirer des choses héréditaires: ce qui le prouve c'est qu'il ne doit que le prix de la chose qu'il a vendue avant la cession; or certainement le donateur n'a pas retiré de la donation un bénéfice égal à la valeur de la chose donnée; pécuniairement il ne lui reste rien, si ce n'est les quelques droits de révocation attachés à ce contrat et essentiellement éventuels; il ne doit donc rien restituer On objecte qu'il s'est enrichi en épargnant sa fortune personnelle: il est à présumer au contraire que s'il n'avait pas hérité il n'aurait pas fait la libéralité. Nous reconnaissons du reste que s'il survenait un de ces événements dornnant naissance à un droit de révocation, l'acheteur d'hérédité aurait droit à l'émolument qui en proviendrait. (Colmet de Senterre t. VII n° 144 bis III; Duverg. Vente II. 324).

Si l'héritier a reçu une somme d'argent d'une personne qui par erreur se croyait débitrice de la succession, sera-t-il obligé d'en tenir compte au cessionaire? Nous ne le croyons pas, car il tient cette somme d'une erreur, et non de la succession: c'est donc au *solvens* et non à l'acheteur qu'il en devra raison ; s'il en est autrement du gérant d'affaires qui, lorsqu'il a reçu l'indu, doit en faire raison au maître, c'est qu'il a reçu au nom de celui-ci tandis que l'héritier l'a reçu pour lui-même, le principe de l'art. 1993 n'a donc rien à voir ici. C'était d'ailleurs l'avis d'Ulpien (l. 2. § 7 h. t.).

Jusqu'ici nous n'avons parlé que des aliénations consommées avant la cession ; il s'agit maintenant de statuer sur les aliénations, à titre gratuit ou à titre onéreux, postérieures à la cession. Comme nous avons déclaré l'acheteur propriétaire des choses héréditaires à partir du contrat, il est constant que ces aliénations sont nulles comme faites *a non domino*; l'acheteur aura dès lors l'action en revendication contre les tiers acquéreurs, sauf l'application de l'art 1141 concernant les effets de la possession de bonne foi pour les meubles, et de la loi de 1855 sur la transcription pour les immeubles ; seulement s'il a perdu le droit de revendiquer, il pourra répéter contre son vendeur le prix de la vente, indépendamment des dommages - interêts auquels ce dernier pourrait être condamné pour avoir disposé d'une chose qui ne lui appartenait pas, et occasionné ainsi l'éviction de son ayant cause. Si nous supposons que dans ces circonstances l'immeuble vendu vienne à périr par cas fortuit, le cessionnaire pourra-t-il exiger du cédant le prix qu'il a reçu? Ce qui est dû au cessionnaire, pourrait-on dire, c'est la chose même et non le prix, car la vente est nulle; il n'a que l'action en revendication et c'est tant pis pour lui si elle n'a plus d'objet. Mais nous sommes dans une matière spéciale, où le vendeur doit à l'acquéreur tout ce qu'il reçoit comme héritier; nous devons en conclure qu'à la différence de ce qui se passe dans la vente ordinaire, le cessionnaire en pareil cas a le droit d'exiger du cédant le remboursement d'un prix qu'il n'a touché qu'en sa qualité d'héritier. C'était l'avis de Pothier (n° 533); c'était aussi la solution admise en droit romain, et la loi 21 D. h. t. allait même jusqu'à présumer qu'en vendant l'objet héréditaire le cédant avait agi au nom du cessionnaire: « *Sed ubi hereditatem vendidi, et postea* « *rem ex ea vendidi, potest videri ut negotium ejus* « *potius agam quam hereditatis.* »

Pour la période postérieure à la vente d'hérédité on conçoit que l'héritier réponde de ses fautes; quant à la perte de la chose, sa responsabilité, puisqu'il est débiteur, est régie par les articles 1302 et 1303 relatifs à la perte de la chose due: il y a à distinguer à cet égard s'il a ou non été mis en demeure, ou si malgré la demeure l'objet eût ou non péri aussi chez le créancier.

Le cédant a pu se réserver certains objets héréditaires, l'art. 1697 lui-même le suppose pour les fruits ou les créances; mais son énumération n'est certainement pas l'imitative, et à cet égard on doit s'en tenir à la volonté expresse des parties. Quand l'héritier s'est ainsi réservé certains biens, les fruits perçus postérieurement à la cession lui appartiennent sans contredit, mais que décider pour ceux perçus auparavant? Pothier (n° 539) s'inspirait de la loi 25 D. *de h. vend.* et les attribuait au cessionnaire, parce que, disait-il, ces fruits ont acquis par la perception un être distinct de l'héritage sur lequel ils ont été recueillis et par suite ne sont pas compris dans la réserve faite de cet héritage : cette solution nous paraît encore la meilleure aujourd'hui.

On décide généralement qu'il y a réserve tacite pour certains objets de famille, qui n'auraient pas de valeur aux yeux du cessionnaire, et qui sont au contraire fort précieux pour l'héritier : il en est ainsi des papiers, portraits, armoiries, lettres de noblesse, armes d'honneur, etc...

Nous avons vu l'acheteur obligé de supporter les détériorations et les pertes survenues avant la cession, même par la faute de l'héritier : il est de toute justice qu'il profite par contre de toutes les améliorations qui peuvent être survenues aux biens héréditaires avant la cession, même par le fait du cédant (l. 2 § 4 D. h. t.).

Une question qui a divisé et divise encore les jurisconsultes est celle de savoir qui, du cédant ou du cessionnaire, est appelé à profiter du droit d'accroissement, lorsqu'après la cession un des cohéritiers du cédant renonce à la succession ? Pothier (n° 545) rapporte les deux opinions qui avaient cours de son temps, mais il n'ose pas se prononcer. Duaren, Voët, Furgole tenaient pour le cessionnaire et s'appuyaient sur les divers textes que nous avons rapportés à propos de la même question en droit romain : on a vendu, disaient-ils, tout ce qui est provenu ou proviendra de l'hérédité, *non solum quod jam pervenit sed et quod quandoque pervenerit restituendum est* (l. 2 § 4 h. t.), or c'est bien en vertu du droit successif vendu que l'héritier a droit à la part du renonçant, et si c'est une conséquence de sa qualité d'héritier ne doit-il pas en investir son cessionnaire? — Seul Cujas avait adopté l'opinion opposée : selon lui toute convention ne devait renfermer que les choses en vue desquelles les parties avaient vraisemblablement contracté. La tendance générale des auteurs modernes est aussi en faveur du cédant : la valeur de la chose vendue, disent-ils, n'est calculée que sur ce qu'on a prévu lors de la vente, c'est-à-dire seulement sur la part présente, surtout si l'on a employé les expressions *Cession de part*; et le cédant n'étant tenu de délivrer que ce qui a été vendu, on ne viole pas le principe que l'acquéreur a droit à tout ce que l'héritier a pu recueillir à ce titre. De plus comme aux termes de l'art. 784 la renonciation ne se présume pas, le vendeur ne peut-être présumé avoir vendu aussi la part de son cohéritier.

Nous reconnaissons volontiers que la question de fait doit dominer ici la question de droit, et qu'il y a lieu tout d'abord d'interpréter la volonté des parties; mais pour le cas où les clauses de la cession ne pourraient fournir à cet égard aucun renseigement, nous pensons que la question doit se résoudre en faveur du cessionnaire. Quoi qu'on en ait dit, ce dernier a droit à toutes les conséquences de la qualité d'héritier, c'est-à-dire à tout ce que le vendeur a recueilli ou recueillera en cette qualité, or le droit d'accroissement fait intimément partie du droit héréditaire, il n'est pour ainsi dire que le développement du droit successif vendu; l'héritier n'a cédé que sa part, c'est vrai, mais l'accroissement qui vient s'y réunir, comme une alluvion, grossit cette part dans laquelle il va perdre son individualité; et cette adjonction rétroagissant au jour du décès, nous rentrons tout à fait dans les principes de la matière en attribuant ce bénéfice à celui qui tient de son contrat le droit de profiter de tout l'émolument héréditaire aux droits de son cédant. Et si l'on nous objecte que les parties contractantes n'ont pas dû songer à cette éventualité, qui par suite n'est pas rentrée comme élément dans la fixation du prix, il nous suffira de faire remarquer que le caractère distinctif de la cession de droits successifs réside précisément dans l'élément aléatoire qui est inséparable d'un pareil contrat, et qu'il n'y a donc pas lieu de s'étonner qu'au bout du compte le cessionnaire retire un émolument plus fort que celui sur lequel on avait pu compter lors du contrat. (En ce sens : Marcadé art. 1698-III ; Massé et Vergé sur Zach. t. IV. p. 333 note 12.)

La vente d'hérédité a un autre effet très important : elle met fin, du moins entre les parties, à la confusion qui s'est produite au profit de l'héritier par suite de l'acceptation de l'hérédité qui avait réuni sur sa tête deux qualités incompatibles : il était par exemple débiteur du défunt, ou propriétaire d'un immeuble grevé de servitude au profit d'un autre immeuble appartenant au défunt ; il a accepté l'hérédité et par l'effet de la confusion il s'est trouvé libéré soit de la dette soit de la charge réelle qui pesait auparavant sur lui. Si sur ces entrefaites il vend ses droits successifs, comme il s'oblige par là même à procurer à l'acquéreur tout l'émolument provenant de l'hérédité, il doit lui tenir compte aussi du bénéfice qu'il a trouvé dans la confusion : à cet effet il redeviendra débiteur de sa dette ou devra rétablir au profit du cessionnaire la servitude qui grevait son fonds. (V. l. 20 § 1 h. vend.) La même solution serait à donner si avant la cession l'héritier avait accepté la succession d'un débiteur de l'hérédité cédée, car il se trouverait dans la même position que s'il avait reçu le paiement de ce débiteur, et il devrait à ce titre en délivrer le montant au cessionnaire,

Telles sont les diverses prestations qui sont dues par le cédant et que nous avons groupées sous son obligation de délivrance. Passons maintenant à la seconde obligation dont il est tenu, l'obligation de garantie et à cette occasion nous n'aurons à envisager que la cession à titre onéreux, en prenant toujours la vente pour type : celui qui a cédé à titre gratuit ne doit pas en effet la garantie.

II. — L'art. 1696 pose ainsi dans notre matière le principe de la garantie : « Celui qui vend une hérédité « sans en spécifier en détail les objets n'est tenu de « garantir que sa qualité d'héritier. » On comprend sans peine que le cédant soit tenu de garantir sa qualité d'héritier, car, s'il n'a pas vendu la qualité elle-même, du moins il a vendu toutes les chances susceptibles de s'y attacher. Aussi quand l'hérédité cédée n'est pas ouverte, ou que le vendeur n'y est appelé ni par la loi ni par la volonté du défunt, qu'il y a des héritiers plus proches qui l'ont acceptée, que son droit lui est enlevé par un legs universel ou à titre universel, ou qu'il est incapable ou indigne de succéder, dans toutes ces hypothèses le cessionnaire a un recours contre lui. Le vendeur a donc à garantir qu'il est héritier, mais, sauf stipulation contraire, il n'a pas à garantir autre chose : ainsi il ne répondra pas de la valeur de l'hérédité, car ce qu'il a vendu c'est son droit successif, c'est l'universalité héréditaire, c'est l'ensemble du patrimoine tel qu'il peut être, et non les objets héréditaires qui le composent, considérés à titre particulier ; et si l'émolument est moins considérable que celui sur lequel on avait compté, si même il fait complètement défaut par suite de dettes ou charges atteignant ou même dépassant l'actif, pourvu que la qualité d'héritier existe, le cessionnaire n'aura aucun recours contre le cédant. Le droit héréditaire a pu être enlevé en partie par un legs à titre universel, le recours a certainement sa place ; mais il en est autrement si c'est par un legs à titre particulier, ce n'est plus alors en effet au droit héréditaire lui-même que l'atteinte est portée, c'est simplement à l'émolument, dont il n'est pas dû garantie.

L'idée de garantie nous amène à une question fort importante, celle de savoir quel est le sort de la vente de droits successifs faite par l'héritier apparent. A cet égard il est intéressant de rappeler quel est l'état de la jurisprudence au point de vue de l'aliénation par l'héritier apparent d'un objet perticulier de l'hérédité : la question ne peut se poser du reste que pour les immeubles ou les meubles incorporels, puisque l'acquéreur de bonne foi d'un meuble corporel se trouve protégé par la maxime qu'en fait de meubles possession vaut titre (art. 2279). Peur les créances la Cour de cassation elle-même a répondu dans un arrêt du 11 mars 1839 que la vente de pareils droits par un autre que par le propriétaire demeurait soumise à la règle absolue de l'art. 1599. Mais la même Cour, par arrêt de rejet du 3 août 1815, maintient comme valables les ventes d'immeubles faites par l'héritier apparent, à la seule condition que l'acquéreur ait été de bonne foi et malgré la mauvaise foi du vendeur. Cette opinion a trouvé d'ardents contradicteurs. Les uns, s'appuyant sur les dispositions de la loi 25 § 17 D. *de hered. pet.* 5. 4, n'admettent la validité des ventes dont s'agit que dans le cas ou l'éviction qu'éprouverait l'acheteur de bonne foi donnerait ouverture à un recours en garantie qui aurait pour résultat de faire supporter à l'héritier apparent, également de bonne foi, une condamnation plus forte que s'il eût été directement actionné par la pétition d'hérédité : le principe du droit romain était en effet que le possesseur de bonne foi n'était tenu de la restitution des choses par lui vendues qu'autant qu'il s'en trouvait encore enrichi au temps de la demande en pétition d'hérédité, et par suite qu'il échappait à la restitution des sommes qu'il avait dissipées en folles dépenses ou *lautius vivendo.* Mais comme dans notre droit le possesseur de bonne foi est moins favorablement traité et qu'il est censé profiter encore, lors de la demande, du prix qu'il a dissipé ou consommé, la distinction puisée dans la loi 25 doit disparaître avec le principe dont elle n'était que la conséquence. — Les autres ont argumenté des art. 137, 724, 1599 et 2182 pour soutenir la nullité des ventes immobilières consenties par l'héritier apparent, lors même que le vendeur et l'acquéreur auraient été tous deux de bonne foi. (V. Toullier, Duranton I. 552 et suiv., Troplong. Vente II. 960 ; Poitiers 18 avril 1832, Montpellier 9 mai 1838.) Que se passe-t-il si l'héritier apparent a aliéné à titre onéreux non plus un objet déterminé, mais l'hérédité elle-même, le *jus hereditarium* en tout ou en partie ? La vente est généralement déclarée nulle, et de puissants motifs viennent à l'appui de cette opinion. D'abord l'art. 1696, en exigeant que le vendeur garantisse sa qualité d'héritier, prévoit implicitement le cas où, le vendeur n'étant pas héritier, l'acheteur pourrait être évincé par l'héritier véritable : la garantie ne peut en effet s'expliquer que par l'éviction. De plus le principe général est qu'aux termes de l'art. 1599 la vente de la chose d'autrui est nulle, et est certainement telle l'hérédité dont le vendeur n'était pas saisi en droit, et dont la saisie va rétroactivement investir l'héritier réel, qui est réputé avoir été seul propriétaire à partir du jour du décès. Les tiers qui ont acquis les droits successifs soumis à la pétition d'hérédité succèdent à l'obligation de restitution qui pesait sur leur auteur, car l'objet même de cette action est la remise du bien du défunt, partout où il se trouve, à son légitime propriétaire : l'art. 137 n'en limite en effet nullement l'exercice contre la personne seule de celui qui s'est emparé de la succession. Si l'art. 132 rapelle indirectement l'ancien sénatus-consulte d'Adrien en obligeant l'absent à reprendre ses biens tels qu'ils se trouvent, c'est un cas tout à fait exceptionnel, dominé par la présomption de mort qui pèse sur celui dont l'absence a été déclarée. C'est en vain qu'on invoquerait la bonne foi de l'acquéreur ; les effets de la bonne foi ont été limitativement déterminés par les art. 138. 549. 2262 à 2265 ; elle ne peut pas remplacer de prime abord un titre, et tout l'avantage qu'on peut en tirer consiste dans le droit de conserver les fruits qu'on a perçus, ou dans la faculté d'arriver par elle à la prescription. L'acquéreur ne peut donc pas se soustraire à l'éviction ; mais comme il a de ce chef un recours en garantie contre le cédant. c'est celui-ci qui supportera en définitive les conséquences de l'action intentée par l'héritier réel. Ces principes sont si certains que la Cour de cassation elle-même a jugé le 26 août 1833 qu'en matière de vente d'hérédité l'acheteur de bonne foi pouvait être évincé par l'héritier réel, alors même que l'héritier apparent, son vendeur, aurait eu juste sujet de se croire régulièrement saisi de la succession : « Attendu, dit cet arrêt, que si en droit « la possession publique, notoire et non contestée, de « la succession d'un défunt dans la personne de son « héritier apparent, produit une exception de bonne foi

« suffisante pour protéger des actes faits entre lui et « des tiers, la même faveur ne peut être étendue à la « vente du titre même d'héritier et des droits qui en « dérivent, puisque suivant l'art. 1696 une telle vente « suppose nécessairement la réalité du titre d'héritier « sur la tête du vendeur qui est obligé de le garantir ; « attendu qu'aux termes des art. 136 et 137 l'héritier « apparent n'avait relativement à l'hérédité qu'un « droit résoluble par l'exercice de la pétition d'héré- « dité... etc » Il était difficile eu effet que la doctrine qui validait les ventes d'objets particuliers faites par l'héritier apparent, sous le prétexte que celui-ci a agi en vertu d'un mandat tacite, suffisant pour faire maintenir en possession un acquéreur que sa bonne foi rend si digne de faveur, il était difficile, disons-nous, que cette doctrine allât juspu'à voir l'accomplissement d'un mandat dans le fait d'un héritier qui « abdique au « contraire son rôle et résigne son mandat en livrant à « un autre l'universalité même qui faisait l'objet de sa « gestion. » (Demol: Absence n° 253). Quant à nous nous estimons qu'il y a contradiction à valider les ventes d'objets particuliers consenties par l'héritier apparent et à déclarer nulles celles du droit héréditaire ; les deux hypothèses doivent recevoir à notre avis la même solution, car, indépendamment des autres motifs que nous avons présentés en faveur du la nullité, rien ne saurait prévaloir contre la maxime *Nemo plus juris in alium transferre potest quam ipse habet*, qui a servi de base à l'art. 1599 et que nous retrouvons textuellement reproduite dans le second alinéa de l'art. 2182.

La question ne se pose pas pour les actes de disposition à titre gratuit, qui dans aucun cas ne peuvent être opposés à l'héritier véritable ; ce dernier jouit contre les acquéreurs de l'action en revendication ou en pétition d'hérédité, tant qu'elle n'est pas éteinte par la prescription : *Qui enim certat de damno vitando anteponendus est ei qui certat de lucro captando.*

Nous avons dit que le vendeur d'une hérédité n'était nullement tenu de la garantie, en cas d'éviction de tout ou partie des objets de la succession : il reste néanmoins entendu que si l'éviction provenait d'un fait personnel au vendeur, la garantie renaîtrait et il y aurait lien alors à l'application de l'art. 1628.

La garantie que nous venons d'examiner, et que l'on peut appeler garantie de droit, peut d'ailleurs être augmentée ou restreinte par les conventions. L'art. 1696 lui-même nous indique un cas où elle se trouve augmentée : lorsque dans la vente de l'hérédité on a spécifié certains objets comme faisant partie de la succession, le vendeur est astreint à garantir ces objets indépendamment du *nomen hereditarium*. Au reste le point de savoir si les parties ont voulu ou non augmenter la garantie de droit est une question d'interprétation de volonté qui, en dehors de l'hypothèse prévue par l'art. 1696, doit être laissée à la souveraine appréciation des juges : c'est ainsi que par arrêt du 23 décembre 1840 la Cour de Rennes a décidé que la cession consentie sans spécification des objets de l'hérédité, bien que faite *sous garantie des faits et promesses du cédant*, n'obligeait pas celui-ci à garantir autre chose que sa qualité d'héritier.

On peut aussi diminuer la garantie de droit ; c'est ce qui arrive lorsqu'au lieu de vendre l'hérédité ou ses droits successifs, le vendeur n'a transporté que ses droits incertains, ses simples prétentions à l'hérédité : nous sommes alors en face d'une convention aléatoire parfaitement valable, où le cédant n'a pas à garantir une qualité d'héritier qu'il n'affirme pas; il u'en serait autrement que s'il avait su lors du contrat qu'il n'avait aucun droit, il serait alors coupable de dol.

Il y a un grand intérêt à distinguer avec soin, d'après les termes de la convention, si les parties ont entendu faire un véritable contrat aléatoire, ou si elles ont simplement traité sur l'hérédité avec une simple clause de non garantie. Les effets en sont bien différents: tandis qu'au premier cas l'acheteur perdrait même le prix payé quand le vendeur n'aurait pas eu la qualité d'héritier, au second cas il aurait alors droit à la restitution d'un prix désormais payé sans cause, et la clause de non garantie n'aurait qu'un effet, celui d'affranchir le vendeur de tous dommages-intérêts.

Après avoir indiqué quand il y a lieu à la garantie, il nous reste à déterminer quels sont les effets de cette garantie. On appliquera les principes généraux et l'acheteur évincé pourra réclamer, si l'hérédité vendue n'existe pas, ou si elle appartient à un autre: 1° la restitution du prix; 2° les frais et loyaux coûts du contrat; 3° les dépens tant de l'action principale que de l'action en garantie; 4° les dommages-intérêts s'il y a lieu (art. 1630). Nous savons qu'en droit romain la loi 8 *de hered. vend.* faisait une distinction: si l'hérédité n'existait pas ou qu'il s'agît d'une succession non ouverte, le cédant devait restituter le prix et des dommages-intérêts; si l'hérédité existait mais au profit d'un autre que le vendeur, c'est la valeur de la succession qu'il devait payer à son cessionnaire. Pothier (n° 527-8) adoptait pleinement cette distinction par le motif « que la « vente d'une hérédité n'est pas valable s'il n'y a pas « encore d'hérédité, mais qu'il n'est pas nécessaire « pour que la vente soit valable que l'hérédité appar- « tienne au vendeur, car selon les principes admis la « vente qu'une personne fait de la chose d'autrui est

« valable, *res aliena vendi potest.* » Ces raisons nous indiquent assez qu'en présence de l'art 1599 qui pose en principe la nullité de la chose d'autrui, l'ancienne doctrine ne peut plus être admise aujourd'hui. Le vendeur dans notre droit s'oblige à transférer la propriété, qu'il s'agisse d'une chose corporelle ou incorporelle ; si pour un motif ou pour un autre il ne satisfait pas à son obligation, l'acheteur peut réclamer le prix qu'il a payé sans cause ; il pourra il est vrai si la chose avait augmenté de valeur réclamer l'excédant de la valeur sur le prix payé (art 1633), mais le vendeur devra toujours restituer au moins le prix, alors même que la chose eût diminué de valeur à l'époque de l'éviction. sauf le profit que l'acheteur a pu retirer de la détérioration (1631 et 1632).

Si au lieu d'une éviction totale l'acheteur n'est évincé que d'une quote-part de l'universalité héréditaire, il y aura lieu à l'application des art. 1636 et 1637 et pour le cas où la vente sera maintenue, le cédant devra restituer à l'acquéreur la valeur de la partie enlevée, estimée à l'époque de l'éviction et non proportionnellement au prix de vente. (V. Pau 20 mai 1851 Dall. 51. 2. 149.)

Nous avons vu que le tuteur ne pouvait céder les droits successifs de son pupille sans autorisation du conseil de famille ; la cession qu'il aurait consentie de sa propre autorité ne prévaudrait donc pas contre le droit que le tuteur aurait de former lui-même au nom du mineur la demande en partage et en rapport contre les cohéritiers cessionnaires. C'est-ce qu'a décidé un arrêt de la Cour de Pau du 30 janvier 1852. Ce même arrêt accorde un recours aux cessionnaires contre le tuteur, mais il déclare que ce recours n'est pas régulièrement intenté par la voie de l'action en garantie. Il faut reconnaître que cette décision n'est pas à l'abri de toute critique : un pareils recours ne peut guère se fonder que sur un engagement personnel du tuteur ; si cet engagement n'existe pas, les cessionnaires sont en faute de n'avoir pas su quels étaient les pouvoirs du tuteur ; il nous paraît que dans ce cas tout recours doit leur être refusé. (arg. des art. 1997 et 1560, 2°.)

§ 2.

Des obligations du cessionnaire.

La première obligation du cessionnaire à titre onéreux est de payer le prix, et à cet égard le cédant jouit des priviléges et autres sûretés qui sont accordés à tout vendeur de meubles ou d'immeubles (art. 1612. 1654. 2102-4° et 2103). Si la cession, faite entre cohéritiers, fait cesser entièrement l'indivision et équivaut par suite à un partage, il y a lieu au privilége des copartageants (art 2103-3°).

Le cessionnaire d'une hérédité, soit à titre gratuit soit à titre onéreux, est spécialement tenu d'une autre obligation corrélative au droit que nous lui avons reconnu en étudiant les obligations du vendeur : il doit rendre le cédant indemne de tout ce que lui coûte son titre d'héritier, c'est-à-dire le mettre dans la même position que s'il n'avait pas hérité, tout comme il devait mettre lui-même le cessionnaire dans la même situation que s'il eût été personnellement héritier. L'art. 1698 fait l'application de ce principe quand il dit : « L'acquéreur doit de son côté rembourser au vendeur ce « que celui-ci a payé pour les dettes et charges de la « succession, et lui faire raison de tout ce dont il était « créancier, s'il n'y a stipulation contraire. » Ainsi l'acquéreur doit rembourser au cédant les dettes par lui payées ou qu'il sera obligé de payer en qualité d'héritier ; les charges de la succession, ce qui s'entend des frais funéraires, des legs, des droits de mutation, des contributions, des réparations nécessaires, avec les intérêts de ces sommes du jour du paiement. Il est en effet de toute justice que les diverses charges de la succession en suivent l'émolument.

On se demande s'il doit même rembourser ce que le cédant a payé indûment et par erreur. Ulpien dans la loi 2 § 7 n'admettait pas ce remboursement, si ce n'est pour le cas où le cédant aurait été contraint de payer par suite d'une condamnation ; Pothier donnait la même solution et il n'y a encore aujourd'hui aucune bonne raison pour s'en éloigner. La cause du paiement n'est pas dans le droit héréditaire vendu, elle est dans une erreur commise par l'héritier, et il ne lui est dû que ce qu'il a payé pour la succession. Qu'importe dès lors le principe que le cessionnaire doit souffrir toutes les détériorations ou pertes causées avant la cession par la faute de l'héritier propriétaire ? Il n'a rien à faire ici et c'est en vain que, contre l'avis général, il est présenté par M. Duvergier (Vente II. 347) pour justifier dans tous les cas un pareil remboursement.

Nous avons statué, à propos de l'art. 1697, sur le cas où l'héritier était créancier du défunt ; la solution doit être réglée en sens inverse lorsque l'héritier était au contraire son débiteur. Par suite le cessionnaire doit encore compte des créances que l'héritier pouvait avoir contre le *de cujus* et qui s'étaient éteintes par confusion, de même qu'il doit rétablir les servitudes dont étaient grevés les fonds héréditaires au profit des immeubles personnels de l'héritier.

CHAPITRE III

Effets de la cession de droits successifs à l'égard des tiers.

Nous savons que la cession d'hérédité ne fait point passer à l'acquéreur la qualité d'héritier : le vendeur reste donc obligé envers les créanciers et les légataires de la succession pour lesquels la cession reste *res inter alios acta.* Il a il est vrai son recours contre le cessionnaire, qui est tenu envers le cédant d'acquitter les dettes et les charges de la succession pour la même part et portion que le cédant en est tenu lui-même à l'égard des créanciers de l'hérédité ; et il en résulte que si ces derniers n'ont pas d'action directe contre le cessionnaire, qui n'est qu'un successeur à titre particulier de leur débiteur, du moins ils peuvent le poursuivre en exerçant les droits et actions de leur obligé en vertu de l'art. 1166, et à ce point de vue le cessionnaire est personnellement tenu, même *ultra vires*, puisqu'il ne peut devoir moins que le cédant qu'il représente et que celui-ci s'est rendu héritier pur et simple, aux termes de l'art. 780, en consentant la cession. Les principes changeraient cependant si les créanciers ou légataires étaient intervenus à la cession et avaient déclaré accepter le cessionnaire pour débiteur, car il y aurait alors novation et leur droit de poursuite n'existerait plus que contre l'acquéreur, sauf les exceptions contenues dans l'art 1276 *in fine*.

Ce que nous venons de dire s'applique à l'action personnelle ; quant à l'action hypothécaire elle ne visera nécessairement que le cessionnaire comme détenteur des immeubles grevés.

Si nous considérons maintenant la position du cessionnaire vis-à-vis des débiteurs héréditaires, la situation n'a plus le même aspect : comme dans notre droit les créances sont cessibles en principe, et qu'en cédant ses droits successifs l'héritier a investi son ayant cause non seulement des biens corporels de l'hérédité mais aussi des droits incorporels, et spécialement des créances qui peuvent la composer, il y a lieu de décider que le cessionnaire tient de son contrat le pouvoir de poursuivre directement les débiteurs de la succession. La question est seulement de savoir s'il est nécessaire, pour que ce cessionnaire de l'hérédité soit valablement saisi au regards des tiers, de signifier aux débiteurs la cession des créances conformément à l'art. 1690, alors que le transport de ces créances s'est opéré en masse et comme englobé dans la cession de l'universalité héréditaire dans laquelle elles sont comprises ? On a soutenu l'affirmative en se fondant sur ce que l'art. 1690 ne fait aucune distinction entre la cession d'une ou plusieurs créances déterminées et la cession comprenant à la fois des créances et d'autres biens, et aussi sur ce que les motifs de la signification trouvent leur place dans les deux cas. Mais la négative est plus généralement enseignée : l'art. 1690 est relatif au cas de cession particulière d'une ou plusieurs créances déterminées, il est par sa place même complètement étranger aux règles qui régissent la vente d'hérédité ; celle-ci a en effet pour objet tout ou partie de l'universalité héréditaire, c'est-à-dire de l'ensemble des droits de toute nature appartenant au défunt, et la règle est que l'acheteur en devient propriétaire par le seul effet de la cession. Au surplus l'hérédité pourrait avoir un grand nombre de débiteurs et ce serait exiger nne chose impraticable que de demander qu'il y ait signification à chacun d'eux ou qu'on rapporte leur acceptation authentique. Il pourra peut-être se faire que dans les droits successifs vendus il n'y ait que des créances: peu importe, dirons-nous, car ce que le cédant a vendu ce ne sont pas les créances qui composaient exclusivement son lot, c'est l'universalité héréditaire dans laquelle ces créances sont comprises, et qui elle-même ne constitue certainement pas une créance. Nous estimons donc que la signification est inutile, même pour les créances que peut contenir le droit héréditaire cédé, et cela est si vrai et si conforme à la loi que l'art. 1696 n'impose à l'héritier qui vend ses droits que la garantie de sa qualité, sans rappeler la disposition de l'art. 1693 en vertu de laquelle celui qui cède une créance doit en garantir l'existence. C'est dans cet esprit qu'un arrêt de la Cour de Nîmes du 12 juin 1838 a décidé que le cohéritier qui cède à un tiers ses droits dans les reprises de sa mère fait un transport ordinaire et non une vente de droits successifs: l'objet de la cession litigieuse n'est pas en effet le droit sur l'hérédité paternelle, mais une portion déterminée des reprises dotales de la mère, dont le cédant était créancier envers la succession de son père, et il s'ensuit que pour être saisi à l'égard des tiers le cessionnaire devait signifier la cession aux débiteurs de sommes dotales. (J. P. 1839. 2. 448.)

Certains arrêts, exagérant la doctrine inverse, sont allés jusqu'à prétendre que non seulement il fallait pour les créances comprises dans l'hérédité la signification aux débiteurs, mais encore que cette signification était nécessaire pour la cession elle-même de droits successifs ; qu'il devait s'envuivre qu'entre deux cessionnaires successifs de droits héréditaires, celui-là devait-être préféré qui aurait le premier rempli la formalité, et que jusqu'à cette signification les créanciers du cédant pourraient saisir les droits cédés et les exercer au nom de leur débiteur. (Nancy 28 juin 1856, Bordeaux 29 juin 1856, Toulouse 26 août 1863.) Ce système s'appuie sur la rubrique du chapitre VIII du titre de la Vente : *Du transport des créances et autres droits,* pour soutenir que l'art. 1690 s'applique à toute cession de droits quelconques. La Cour de Montpellier par arrêt du 30 mai 1834 entrait aussi dans ces idées par le motif « que la vente de droits successifs pure et simple n'est « en droit qu'une vente de l'action pour intervenir au « partage, action qui jusqu'au résultat du partage ne « constitue qu'un droit incorporel, susceptible de va- « riations et de chances, dès lors d'une nature incer- « taine et indéterminée, et comme tel soumis à la for- « malité de l'art. 1690. »

Ces arguments ne sont pas sérieux : Marcadé en a eu facilement raison en faisant remarquer que l'art. 1699 par exemple se trouve aussi sous la rubrique du chapitre VIII : pourquoi dès lors ne par l'appliquer aussi à toute cession de droits et dire que le cédé pourra toujours se faire tenir quitte en remboursant au cessionnaire le prix de la cession ? Il est plus simple et aussi plus juste de reconnaître que ce chapitre, dans sa rubrique même, distingue le transport des créances du transport des autres droits incorporels, tels que les droits héréditaires et les droits létigieux, qu'il traite ensuite distinctement de chacune de ces matières, sans qu'on puisse appliquer aux unes les dipositions faites pour les autres. Les art. 1696 à 1698, relatifs au transport des droits successifs, forment un ensemble qui se suffit à lui-même et l'on doit certainement penser que si le législateur eût voulu que l'acquéreur de ces droits fût obligé, comme le cessionnaire de créances, de notifier son titre d'acquisition pour en être saisi à l'égard des tiers, il l'aurait dit du premier comme il l'a dit du second; mais en absence d'une pareille disposition on ne peut se référer qu'au droit commun de l'art. 1583, d'après lequel la vente au moment même où elle est faite, saisit complètement l'acquéreur et dessaisit le vendeur. De plus la signification, qui se comprend à merveille quand il s'agit d'un droit sur un tiers intéressé à être prévenu du transport, ne se comprendrait plus ici, car aucun tiers n'est débiteur de l'hérédité proprement dite, et l'on ne pourrait pas sans abus de mots considérer le cohéritier détenteur des forces de la succession comme débiteur envers son cohéritier, ou tout autre personne, débitrice envers l'hérédité, comme débitrice de l'hérédité cédée, du *nomen heredis* objet de la cession. Les cohéritiers ne sont pas en effet débiteurs les uns des autres, ils sont copropriétaires, ils exercent respectivement des droits rivaux sur la chose, des droits réels absolument distincts des actions contre la personne visées dans l'art. 1690 ; céder une hérédité, c'est céder un droit de propriété, non un droit de créance : « La cession d'hérédité, dit fort justement un arrêt, ne constitue ni le transport d'un droit incorporel comme celui d'un usufruit ou d'une servitude, ni celui d'une créance, ni celui d'une action ; car si une pareille cession peut comprendre tout à la fois ces choses ou ne comprendre aucune d'elles, elle en transmet ordinairement beaucoup d'autres, notamment la propriété de meubles et d'immeubles dont la transmission à des tiers, étrangers à la succession, est soumise à toutes les formalités d'une vente ordinaire... » (Cour d'appel de l'ile de la Réunion : 28 mai 1853. Dev : 1859. 1. 249.) Aussi bien s'il n'existe qu'un héritier ayant cédé à un étranger, ou deux héritiers dont l'un a acquis les droits de l'autre, à qui voudra-t-on que l'acquéreur notifie? Cette objection suffirait à elle seule pour détruire le système contraire, qui n'a eu d'ailleurs que peu de faveur auprès de la doctrine. (En notre sens: Troplong t II. 907; Duvergier II. 351 ; Marcadé art. 1698-V ; Laurent ; Zach. Aubry et Rau t II p. 553 note 1. - Cass. 7 janv. 1857 ; 6 juillet 1858.)

Sous l'empire du Code Civil les cessions à titre onéreux de droits successifs transféraient donc la propriété des biens héréditaires, même au regard des tiers, par le seul consentement des parties : c'était l'application pure et simple du principe posé dans les art. 1138 et 1583. Cet état de choses présentait, surtout au point de vue de la clandestinité, de fort graves inconvénients : il nous reste à examiner s'il a été modifié par la loi du 23 mars 1855 sur la transcription.

L'art. 1er de cette loi assujettit à la transcription tout acte entre-vifs translatif de propriété immobilière ou de droits réels susceptibles d'hypothèque. La vente qu'un cohéritier fait à un étranger de ses droits dans une succession qui comprend des immeubles, nous semble tout à fait rentrer dans les termes de cet article. Sans doute le partage décidera seul si le cessionnaire aura oui ou non des immeubles dans son lot, mais il arrivera de deux choses l'une : ou le cessionnaire ne retirera que des meubles et la transcription aura été inutile, ou son lot comprendra des immeubles et par l'effet rétroactif du partage l'héritier étant considéré comme propriétaire de ces immeubles depuis l'ouverture de la succession, et l'acheteur seulement depuis la vente, il y aura eu entre le cohéritier et son cessionnaire une transmission d'immeubles que la transcription aura servi à rendre publique, tout en déterminant l'époque à laquelle les créanciers du vendeur auront cessé de pouvoir s'inscrire. Ce droit éventuel à des immeubles doit suffire à notre avis pour rendre la transcription nécessaire et comme à ce point de vue la cession est un acte translatif de propriété immobilière, elle ne pourra pas sans cette formalité produire ses effets vis-à-vis des tiers indiqués dans l'art. 3 de la même loi (Aubry et Rau; Troplong, Transcr. 58; Mourlon 41).

On objecte toutefois que la cession a pour objet non pas un immeuble mais un droit indivis sur des immeubles, une simple action tendant à obtenir le partage et à revendiquer s'il y a lieu des immeubles: or il est constant que les actions même immobilières ne sont pas susceptibles d'hypothèque (2118). — A ceci nous répondrons qu'il résulte des art. 724 et 883 que les droits à une succession sont de véritables droits de propriété sur les biens qui la composent, et non une simple action pour les réclamer, que la cession de tels droits par l'héritier constitue une transmission réelle de la propriété de ces biens eux-mêmes, et que, s'il y a plusieurs héritiers, elle comprend la partie indivise que le cédant peut avoir dans l'hérédité et qui ne sera distincte qu'après le partage (Cass 21 janv. 1839 J. P. 39. 1. 55). Et si ses droits portent sur des biens immobiliers, comment dès lors l'héritier, qui pourrait aliéner sa part d'héritage, ne pourrait-il pas grever ces biens d'hypothèques aux termes de l'art. 2118? Cette part est encore incertaine, c'est vrai; il pourra même se faire que les immeubles hypothéqués par l'héritier ne viennent pas dans son lot, mais tout ce qu'on peut en conclure c'est qu'on tombe alors sous le coup de l'art. 2125, qui prévoit justement cette hypothèse et soumet l'hypothèque au même sort que la propriété de l'immeuble. Enfin les termes généraux comme l'esprit de la loi de 1855 étendent la nécessité de la transcription à tout acte translatif d'un droit en vertu duquel le cédant aurait pu hypothéquer, ne fût-ce que conditionnellement, l'immeuble sur lequel il est établi.

Les mêmes motifs appellent la même solution dans l'hypothèse d'une cession qu'on aurait faite avant que la nature des biens héréditaires ne fût connue, ou bien qui aurait pour objet de simples prétentions à une succession : la transcription protégera l'acheteur contre les droits réels que le cohéritier vendeur pourrait consentir même après la cession, comme réputé propretaire du jour du décès.

Nous n'avons pas à nous occuper des cessions qui, faites entre cohéritiers, font cesser absolument l'indivision : l'acte est alors équivalent à un partage, il en a par suite les effets déclaratifs, et comme tel il échappe à la transcription. Il en est autrement des ventes entre cohéritiers qui ne font cesser l'indivision que relativement à certains d'entre eux ; l'art. 1er lui-même qui exige la transcription de tout jugement d'adjudication, en excepte celui rendu au profit d'*un* cohéritier : on en conclut que celui rendu au profit de deux est transcriptible, et la seule raison qu'on puisse en donner est évidemment que la cessation de l'indivision, absolue là, n'est ici que relative.

Le défaut de transcription d'une vente d'hérédité pourra être invoqué par les tiers qui ont des droits sur l'immeuble et qui les ont conservés conformément aux lois (art. 3), par exemple un second acquéreur même à titre gratuit, un preneur à bail de plus de 18 ans, un créancier antichrésiste, les créanciers hypothécaires du vendeur etc..., pourvu d'ailleurs qu'ils aient transcrit ou inscrit leurs titres avant l'acheteur de droits successifs; mais le vendeur, ses héritiers, ses créanciers chirographaires sont privés de cette faculté.

L'art. 11 de la même loi de 1855 laisse la transcription des actes portant donation sous l'empire des règles du Code Civil; or d'après les art. 939 et suiv. le donataire de biens susceptibles d'hypothèque doit, pour être saisi vis-à-vis des tiers, et par suite vis-à-vis d'un acquéreur postérieur, faire transcrire son titre au bureau des hypothèques de l'arrondissement où les biens sont situés; nous pensons qu'il doit en être de même d'une donation de droits successifs lorsque l'hérédité comprend des biens susceptibles d'hypothèque: les tiers ont en effet autant d'intérêt à connaître l'existence de la donation quand il s'agit d'un ensemble d'immeubles que quand elle ne porte que sur un ou plusieurs immeubles déterminés. (V. Troplong Don. III n° 1166; Demol: Don. III. 252.) On rentre alors dans la formule de l'art. 941 qui donne le droit d'opposer le défaut de transcription à toute personne y ayant intérêt, excepté toutefois celles qui sont chargées de faire faire la transcription et le donateur.

Il y a un certain intérêt à comparer cette dernière formule avec celle de l'art. 3 de la loi nouvelle. Tandis qu'il y a controverse sur le point de savoir si l'héritier du donateur peut se prévaloir du défaut de transcription de la donation, il est hors de doute que ce droit n'appartient pas aux héritiers et successeurs universels du vendeur. De plus les créanciers chirographaires du donateur, qui ont frappé de saisie un des immeubles compris dans les biens donnés, ou seulement les fruits de cet immeuble, peuvent opposer le défaut de transcription de la donation en vertu de l'art. 941, puisqu'ils y ont un intérêt, alors que la question est généralement résolue en sens contraire pour la vente, en présence de l'art. 3 de la loi de 1855.

Si nous supposons enfin une donation de droits successifs suivie d'une vente des mêmes droits, sans transcription de part ni d'autre, le second acquéreur devra-t-il être préféré au donataire? Pour la négative on a dit qu'aux termes de l'art. 3 le défaut de transcription ne peut-être opposé que par ceux qui ont conservé leurs droits en se conformant aux lois, que le second acquéreur n'a pas conservé son droit par la transcription et que par suite il ne peut se prévaloir contre le donataire d'une négligence dont il s'est rendu lui-même coupable. — L'affirmative nous paraît préférable : il résulte en effet de l'art. 11 de la loi qu'il y a lieu d'appliquer dans l'espèce l'art. 941 du Code Civil ; or cette disposition permet à l'acquéreur d'opposer le défaut de transcription puisqu'il y a intérêt : qu'importe qu'il n'ait pas transcrit, puisque le Code Civil ne le lui ordonne pas? Il eu serait autrement, on le comprend, d'un second donataire.

En ce qui concerne les meubles compris dans l'hérédité cédée, nous avons vu que la propriété s'en transférait aussi par l'effet immédiat de l'obligation, mais nous avons réservé l'application de l'art. 1141. Cet article n'est que la reproduction de la règle qu'en fait de meubles possession vaut titre (art. 2279) : le premier acquéreur perd le droit de les revendiquer contre un second acquéreur de bonne foi mis le premier en possession. Sans doute le cessionnaire d'hérédité en est devenu propriétaire au moment du contrat, mais il a cessé de l'être dès que le second acheteur a acquis par sa possession de bonne foi le bénéfice de l'art. 2279. Il ne pourra par suite revendiquer utilement le meuble acheté que contre un possesseur de mauvaise foi, et même contre tout possesseur, fût-il de bonne foi, si la chose est sortie des mains du vendeur par perte ou par vol (2279-2280). Une dernière conséquence des art. 1138 et 1141 combinés est que le premier acheteur, que la convention avait rendu propriétaire, sera préféré aux créanciers chirographaires du vendeur, qui n'auront pas pu depuis le contrat de vente frapper valablement de saisie un meuble qui a cessé d'appartenir à leur débiteur, puisque la propriété n'en reste plus sur sa tête jusqu'à la tradition : ces créanciers n'ont en effet sur les biens de leur débiteur qu'un droit de gage imparfait, c'est-à-dire sans possession qui vaille titre pour eux, et de plus ils ne peuvent prétendre qu'à l'exercice des droits du vendeur, qui sans contredit ne peut contester la propriété de son acheteur. (V. Dijon. 27 juin 1864. Dev : 64. 2. 183.)

Pour terminer l'étude des effets de la cession à l'égard des tiers un point reste à examiner. Nous avons vu que la cession avait pour effet d'anéantir la confusion qui s'était opérée sur la tête de l'héritier, relativement aux créances ou aux obligations de ce dernier vis-à-vis de la succession ; et nous avons eu soin de constater alors que cet effet ne se produisait qu'*inter partes* et non à l'égard des tiers qui ne doivent pas souffrir d'un acte auquel ils sont restés étrangers. Ainsi l'héritier débiteur de la succession avait-il vu sa dette cautionnée par un tiers, l'obligation de la caution s'est éteinte par l'effet de la confusion et la cession postérieure n'a pas la force de la faire renaître. L'héritier était-il au contraire premier créancier hypothécaire de la succession, la confusion qni s'est opérée a éteint sa créance et le créancier hypothécaire postérieur, qui a acquis le rang qu'occupait l'héritier, le conservera malgré la cession (arg. des art. 1263 et 1299).

CHAPITRE IV

Des causes de nullité, de rescision ou de résolution de la cession de droits successifs.

La cession de droits successifs est assujettie aux causes ordinaires de nullité des contrats en général. La nullité peut se fonder sur le caractère illicite de l'objet, par exemple si la cession porte sur une hérédité non ouverte (art. 1130). On peut encore demander la nullité en se fondant sur ce que le consentement de l'une des parties a été donné par erreur, arraché par violence, ou surpris par dol (art. 1109 et suiv.). Une des parties a pu être incapable de contracter, elle pourra également attaquer dans un certain délai la cession qu'elle aurait consentie. A cet égard nous n'avons qu'à renvoyer aux principes généraux des obligations et aux règles spéciales au contrat qui a été fait par les parties.

Ici se place naturellement la question de savoir si une vente d'hérédité est rescindable pour cause de lésion. Le principe posé dans l'art. 888 est que l'action en rescision pour cause de lésion est admise contre tous les actes qui ont eu pour objet de faire cesser l'indivision entre cohéritiers ; il n'est pas même nécessaire à ce point de vue que l'indivision ait cessé d'une manière absolue, il suffit qu'elle ait cessé d'une manière relative à l'égard de l'un ou de plusieurs cohéritiers seulement,

Il est vrai que dans ce même cas nous avons refusé d'appliquer l'effet déclaratif que l'art. 883 attache au partage et que nous avons considéré comme exclusivement propre aux partages faisant cesser absolument l'indivision entre tous les cohéritiers. Mais nous n'avons qu'à rappeler ce que nous disions alors : il existe une grande différence entre l'art. 883, qui règle l'effet déclaratif, et l'art. 888 relatif à l'action en rescision pour lésion. Ces deux articles sont loin de procéder de la même cause : dans le premier il s'agit d'une conséquence absolue qui intéresse moins les copartageants eux-mêmes que les tiers avec lesquels chacun d'eux pouvait avoir des relations, conséquence qu'on ne peut appliquer qu'au cas strictement prévu ; le second au contraire concerne les relations particulières des cohéritiers entre eux, c'est le principe de l'égalité dans les partages qui est en jeu et qu'il faut savoir faire respecter, quelle que soit la nature ou la qualification de l'acte qui met, soit partiellement soit entièrement, fin à l'indivision. Cette distinction a été certainement dans les vues du législateur, car d'une part l'art. 883 exige formellement que l'acte qui est intervenu fasse cesser l'indivision à l'égard de *chaque cohéritier* c'est-à-dire de tous, et d'autre part l'art. 888 parle d'un acte faisant cesser l'indivision *entre cohéritiers* et non pas *entre les cohéritiers*. L'art. 889 vient ensuite confirmer explicitement cette théorie, car en refusant l'action en rescision contre une vente de droits successifs, à raison seulement de son caractère aléatoire, il prend soin de s'en expliquer non seulement puur la cession faite à un cohéritier par tous les autres, mais aussi pour la cession faite seulement par l'un d'eux et laissant les autres dans l'indivision. Il suppose donc bien que même dans ce dernier cas la vente de droits successifs serait réputée partage à l'effet d'admettre la rescision pour lésion, sinon l'effet déclaratif, si elle n'était pas faite sans fraude et aux risques et périls du cessionnaire. (V. Cass. 28 juin 1859 Dev: 59. 1. 753; Demante t. III n° 232 bis III, Marcadé art. 883 et 1686, Zach. Aubry et Rau t. IV p. 412 note 11.)

La lésion ne pourra faire rescinder l'acte que si elle est de plus du quart de la valeur qu'on aurait dû obtenir ; et si la rescision est prononcée, elle entraînera pour l'acquéreur l'obligation de restituer au vendeur ce qu'il a reçu par suite de la cession, si mieux il n'aime user de la faculté qui lui est réservée par les art. 1681 et 891 et payer un supplément de prix. Il est inutile d'ajouter que le délai dans lequel l'action pourra être intentée est celui établi par l'art. 1304 et non celui de deux ans, relatif à la lésion de plus des 7/12 admise dans la vente par l'art. 1676.

L'art. 889, que nous avons déjà annoncé, est ainsi conçu : « Laction n'est pas admise contre une vente de « droits successifs faite sans fraude à l'un des héritiers, « à ses risques et périls, par ses autres cohéritiers ou « par l'un d'eux. »

Pour qu'un acte comme celui-là, qui a eu pour objet de faire cesser l'indivision, puisqu'il est intervenu entre cohéritiers, ne soit pas soumis à l'action en rescision pour cause de lésion, la loi exige plusieurs conditions en l'absence desquelles le principe de l'art. 888 reprendra son empire. Il faut :

1° Qu'il s'agisse d'une vente de droits successifs entre cohéritiers : l'objet de la vente doit être l'intégralité ou une quote-part de l'interalité de la portion héréditaire du cédant, du *nomen hereditarium*, de l'actif et du passif tout ensemble ; et c'est ce qui différencie cette hypothèse de celle prévue par l'art. 888 qui suppose qu'un cohéritier cède sa part dans les biens communs, sans mettre à la charge du cohéritier cessionnaire la part correspondante des dettes. La réserve de certains biens déterminés n'enlèverait pas à la cession son caractère aléatoire et la laisserait à l'abri de la rescision ; et on a même jugé que lorsqu'après avoir partagé le mobilier héréditaire en tout ou en partie, sans aucune liquidation d'ailleurs de l'actif ni du passif, l'un des cohéritiers cède à ses autres cohéritiers ou à l'un d'eux ses droits successifs, cette cession rentre dans les termes de l'art. 889 pourvu qu'elle ait été faite sans fraude. (Bordeaux 26 févr. 1851 Dev : 51. 2. 424.)

2° Que la cession ait été faite aux risques et périls du cessionnaire, en ce sens d'une part que le cessionnaire soit tenu de supporter le poids des dettes connues et inconnues, et d'autre part que le cédant soit affranchi de tout recours en garantie pour cause d'éviction quelconque d'objets prétendus héréditaires : ce sont-là d'ailleurs les caractères de la véritable cession de droits successifs, régie par les art. 1696 à 1698, et à ce titre cette seconde condition est implicitement comprise dans la première. Il faut la réunion de deux circonstances que nous venons d'indiquer, mais il suffit qu'elles résultent des termes de l'acte ou des circonstances qui l'ont accompagné ; la mention expresse de la clause *aux périls et risques* est tout à fait inutile, puisque le texte même de l'art. 889 demande seulement que la cession ait été faite ainsi, sinon déclarée telle. (V. Nîmes 2 janv. 1855. Dev : 55. 2. 170 ; Zach. Aubry et Rau t. IV p. 413 note 14 ; Demante t. III n° 284 bis II ; Demol : success. t. V n° 448 — *contra* : Troplong Vente II. 790.)

3° Que la cession ait été faite sans fraude, et le mot

a ici une double signification : d'une part il ne faut pas que l'une des parties contractantes eût au moment de la cession sur l'état de l'hérédité, son actif et son passif, une connaissance qui manquait à l'autre : la cession serait alors rescindable pour dol, *non tam enim paciscitur quam decipitur*, et le dol établi dispenserait de prouver la lésion (Cass. 20 mars 1844). D'autre part il y aurait encore fraude, mais alors fraude à la loi, si les deux parties connaissaient en traitant la consistance de la succession et si elles n'avaient inséré la clause des périls et risques que pour échapper à la règle qui admet la rescision dans les actes équivalents à un partage : on pourrait alors rechercher le vrai caractère de l'acte et lui appliquer la rescision malgré la clause, de la même manière que la cession qui aurait un véritable caractère aléatoire serait affranchie de la rescision pour lésion, alors même que l'acte n'exprimerait pas qu'elle est faite aux risques et périls du cessionnaire (Cass. 29 juin 1847. Dev. 48. 1. 360).

La réunion des trois conditions que nous venons d'examiner rend l'action en rescision pour lésion inadmissible contre la cession de droits successifs : cela ne l'empêche pas du reste d'être considérée comme un partage au point de vue de l'effet déclaratif, quand elle fait cesser l'indivision à l'égard de tous les cohéritiers.

Les termes de l'art. 889 sont généraux et visent tous les actes rentrant dans l'hypothèse d'une cession aléatoire de droits successifs entre cohéritiers, par exemple l'acte par lequel l'un des cohéritiers déclare renoncer à ses droits successifs en faveur de ses cohéritiers ou de l'un deux moyennant une somme déterminée à forfait (art. 780-2°. V. Nîmes 2 janv. 1855. Dall. 55. 2. 170).

La vente d'hérédité, lorsqu'elle ne fait pas cesser

complètement l'indivision, suit les principes généraux quant aux causes de résolution, et notamment l'art. 1184, qui permet aux parties de faire résoudre le contrat quand l'une d'elles ne satisfait pas à son engagement (Comp. art. 1610 et 1654). Si la cession a eu lieu à titre gratuit elle pourra, comme toutes les donations, être révoquée pour cause d'inexécution des conditions, d'ingratitude ou de survenance d'enfants, de même qu'elle sera éventuellement réductible et rapportable.

En dehors des règles générales, la cession de droits successifs est sujette en outre à une cause de résolution spéciale, qui est le retrait successoral, consacré par l'art. 841, et dont nous allons entreprendre l'étude. Cette théorie est une des plus délicates du Code Civil, à raison de l'absence presque complète de textes. Nous n'avons pas la prétention d'en étudier à fond toutes les parties, comme si elle eût fait l'objet exclusif de notre thèse : nous tâcherons du moins d'exposer les principes généraux de la matière, et de passer en revue les questions les plus importantes qui se sont présentées sur ce sujet à l'esprit des jurisconsultes.

CHAPITRE V

Du retrait successoral.

« Il est de l'intérêt des familles, disait Chabot dans « son rapport au Tribunat, qu'on n'admette point à « pénétrer dans leurs secrets, et qu'on n'associe point « à leurs affaires des étrangers que la cupidité et l'en- « vie de nuire ont pu seules déterminer à devenir « cessionnaires, et que les lois romaines désignaient « si énergiquement par ces mots : *alienis fortunis* « *inhiantes.* » Le partage d'une succession est en effet une opération de famille qu'il importe de protéger contre les spéculateurs avides qui, poussés par un intérêt exclusivement pécuniaire, viendraient souvent y jeter le trouble et la désunion ; il n'importait pas moins de mettre à l'abri de leur curiosité indiscrète les secrets et les papiers domestiques. Pour réaliser ce double but la loi a considéré qu'elle devait restreindre autant que possible le partage aux seuls cohéritiers, et elle les a autorisés à écarter, en les désintéressant, les étrangers qui se seraient rendus cessionnaires de droits successifs : il lui a semblé que la mémoire du défunt, également chère à tous, était à même de leur inspirer des sentiments de concorde et de paix, si désirables au milieu d'opérations fertiles en dissensions initesines.

« Toute personne, même parente du défunt, qui « n'est pas son successible, et à laquelle un cohéritier « aurait cédé son droit à la succession, peut être écar- « tée du partage, soit par tous les cohéritiers, soit par « un seul, en lui remboursant le prix de la cession. »

Tel est l'art. 841, la seule disposition que le Code ait consacrée à une matière aussi importante que celle du retrait successoral. L'origine de cette institution est assez incertaine : Merlin lui assigne pour source le *retrait de bienséance* ou *de communion* qui donnait le droit aux copropriétaires d'immeubles de racheter la part indivise vendue par l'un d'eux à un tiers. Lebrun déclarait au contraire formellement que les arrêts des Parlements qui avaient introduit ce droit s'étaient inspirés, par extension, des lois 22 et 23 au Code, *Mand.* dites *Per diversas* et *Ab Anastasio*, lois qui réduisaient le cessionnaire de droits litigieux au remboursement du prix qu'il avait payé : notre ancienne jurisprudence avait en effet adopté cette dernière disposition, et entendant par droits litigieux même les droits réels elle avait été ainsi amenée à y comprendre les droits successifs. Une autre raison nous empêche de rattacher cette institution aux anciens retraits coutumiers, c'est que son établissement dans l'ancien droit souleva de vives résistances, « c'est un abus et un pur passe-droit ! » s'écriait-on, et cependant les retraits y étaient généralement vus avec faveur? C'est que justement ce droit ne passait pas pour un retrait, puisqu'étant plutôt une exception qu'une action, il empêchait au contraire qu'on retire. Peut-être même dut-il à cette origine, contestée par l'ancien état de choses, de survivre. comme le retrait litigieux, à l'abolition générale des retraits, prononcée par le décret du 13 mai 1792. Le retrait successoral fut supprimé, il est vrai, le 9 floréal de l'an II, mais ce décret ne fut pas publié et n'eut pas force de loi. Le législateur de 1804 n'a pas hésité à le consacrer dans l'art. 841, de même que dans les art. 1699 et suiv. il allait donner aussi au retrait litigieux la sanction législative.

Le laconisme de l'art. 841 a suscité de nombreuses difficultés dans la matière du retrait successoral et c'est par les principes de l'ancienne jurisprudence, comme aussi par les motifs non équivoques qui ont déterminé le législateur, que nous devrons résoudre toutes les questions qu'il n'a pas abordées ; nous devrons aussi chercher un complément indispensable à leur solution dans les quelques articles relatifs au retrait litigieux.

Nous aurons à nous demander successivement :

1° Contre qui et par qui peut être exercé le retrait successoral.

2° Quelles sont les cessions de droits successifs sujettes au retrait.

3° Sous quelles conditions et dans quel délai le retrait peut être exercé.

4° Quels en sont les effets.

SECTION I

CONTRE QUI ET PAR QUI LE RETRAIT PEUT-IL ÊTRE EXERCÉ ?

La pensée certaine de la loi est d'accorder à toute personne venant *suo jure* au partage d'une succession le droit d'en écarter quiconque, n'y venant pas *suo jure*, n'y est amené que comme cessionnaire de droits déterminables par ce partage.

I. — Au point de vue des personnes qui peuvent être retrayées cette formule nous permet de tirer une double conséquence. D'une part il n'y aura pas lieu de soumettre au retrait une personne qui aurait, indépendamment de la cession à elle consentie, le droit propre de se présenter au partage : ainsi un cohéritier peut parfaitement se rendre cessionnaire des droits d'un de ses cohéritiers sans que personne puisse s'en plaindre, puisqu'il viendrait au partage et connaîtrait tous les secrets de la famille alors même que la cession n'aurait pas eu lieu ; et par *cohéritiers* il faut entendre tous ceux *qui in universum jus succedunt et heredis loco habentur*, c'est-à-dire les héritiers légitimes comme les successeurs irréguliers, ceux qui viennent au partage en vertu de la loi comme ceux qu'y appelle la volonté de l'homme : l'enfant naturel, le donataire ou légataire universel ou à titre universel, mais non le donataire ou légataire à titre particulier, ni même celui universel ou à titre universel en usufruit, que le silence de l'art. 1010 nous oblige à assimiler au premier : ceux-ci n'ont en effet ni l'un ni l'autre qualité pour intervenir au partage et par suite ils restent soumis à l'art. 841 s'ils ont accepté une cession. On a objecté, du moins pour le dernier, qu'il était successible au moins quant à son usufruit, qu'il était même tenu des dettes dans une certaine mesure (art. 612), qu'enfin il avait le droit de venir au partage pour surveiller la consistance de l'actif et du passif et que dès lors le retrait manquerait son but contre lui (Bastia 23 mars 1835). — Mais il est facile de répondre que l'usufruit n'établit pas d'indivision entre l'usufruitier et les nupropriétaires, que c'est l'universalité des biens qui fait l'objet du partage, qu'il n'y a incontestablement aucun droit, et que la détermination de sa quote-part, s'il est à titre universel, ne constitue qu'un partage de jouissance à distinguer du partage de propriété : s'il n'est pas copartageant, il n'est certainement pas cohéritier tenu personnellement des dettes, et nous devons conclure que, de même qu'il ne pourrait pas exercer le retrait, comme nous le verrons tout à l'heure, de même il y a lieu d'en admettre l'exercice contre lui — (Cass. 17 juillet 1843 Dev : 43. 1. 697).

La seconde conséquence que nous tirons de la formule est que le retrait est admissible contre toute personne qui n'a pas pour venir au partage d'autre titre que sa cession, fût-elle parente du défunt, car l'article qui nous régit ne distingue pas : ainsi le cessionnaire, même parent du défunt, s'il n'est pas en ordre utile pour succéder, ou si, bien qu'appelé par la loi il est exclu par la volonté de l'homme, doit subir le retrait ; bien mieux le parent d'un degré plus éloigné ne pourrait se prévaloir des cessions à lui faites par tous les parents du degré précédent, pour se dire successible et par suite non retrayable, car loin que cette cession puisse avoir les effets d'une renonciation d'un degré au profit du degré subséquent elle constitue au premier chef un acte d'héritier (art. 780), que les cédants n'ont pu faire qu'en la qualité par eux prise d'héritiers ; ce cessionnaire vient dès lors à la succession non en vertu d'une dévolution de la loi, mais en vertu de droits que la volonté de l'homme lui a transmis et qu'elle n'a pu lui transmettre que parcequ'elle les avait recueillis (Cass. 2 juillet 1862. Dev : 62. 1. 859.) Nous soumettrons de même au retrait l'héritier qui a renoncé, car par sa renonciation il est réputé n'avoir jamais été successible ; même solution pour l'héritier exclu comme indigne. Toutefois si le successible n'a renoncé que pour s'en tenir à un don ou legs universel ou à titre universel, sa qualité de donataire ou légataire à un titre universel le mettra à l'abri du retrait; il en serait autrement s'il s'agissait d'un don ou d'un legs à titre particulier, car sa qualité n'autoriserait pas alors son admission au partage.

Parcourons maintenant quelques espèces dont la solution est peut-être plus délicate. Supposons d'abord que le successible qui a cédé son droit héréditaire s'est fait rétrocéder ce même droit : il ne se présente plus que comme cessionnaire, a-t-on dit, et il est retrayable à ce titre; répondons qu'il était et qu'il est resté successible puisque, loin qu'il y ait eu renonciation de sa part, la cession qu'il a faite de ses droits lui a valu acceptation, et qu'au reste le but essentiel de la loi est rempli puisqu'en fait l'étranger est écarté du partage (Cass. 28 mai 1867). Par contre nous pensons que le retrait pourra atteindre l'héritier qui, après avoir vendu ses droits successifs à un tiers, achète ceux d'un cohéritier ; car il a perdu sinon le titre de successible du moins le droit de venir en cette qualité au partage et s'il y vient ce n'est que comme cessionnaire suspect de spéculation.

Le retrait peut-il être exercé contre le mari qui s'est rendu en son nom personnel cessionnaire de l'un des cohéritiers de sa femme? On a voulu dire qu'il avait en sa qualité de mari le droit de se présenter au partage et par suite de s'immiscer dans les secrets de la famille, et que le retrait manquerait ainsi son but contre lui (Trib. civ. Lyon 22 juillet 1842. Dev: 44. 1. 615); mais s'il vient au partage c'est *jure alieno* et non *jure proprio*, comme y viendrait un tuteur ou un mandataire, il n'est que l'ayant cause de sa femme, alors même que sous le régime de la communauté et pour une succession mobilière, il serait autorisé par l'art. 818 à procéder sans elle au partage; il n'est donc pas successible et, comme le veut formellement l'art. 841, il est dès lors soumis au retrait, d'autant plus que la cession par lui acceptée pourrait très-bien couvrir une spéculation (Cass. 25 juillet 1844; Chambéry 24 juillet 1868, Dev: 68. 2, 347). — On s'est encore demandé s'il y avait lieu de soumettre au retrait le survivant de deux époux communs en biens, lorsqu'il s'est rendu cessionnaire d'un droit dans la succession de son conjoint prédécédé; pour la négative on a soutenu que le partage de la communauté, préliminaire indispensable du partage de la succession, donnait déjà à l'époux cessionnaire la faculté de connaître tous les secrets de la famille; mais il suffit de faire observer que cet époux n'est pas successible, que le partage de la communauté où il est intéressé se distingue parfaitement du partage successoral où il n'a aucun droit, et qu'enfin le but du retrait est tout aussi bien d'empêcher la spéculation que de protéger contre l'indiscrétion les affaires intérieures de la famille.

II. — Nous venons d'indiquer contre qui le retrait est possible, voyons maintenant par qui il peut être exercé : il y a une sorte de corrélation intime entre ces deux questions, si bien qu'on peut dire d'une part que celui contre lequel le retrait ne pourrait pas être exercé, s'il était lui-même cessionnaire, pourra retraire un cessionnaire étranger, et d'autre part que celui qui serait lui-même retrayable, s'il était cessionnaire, n'aura pas contre un autre la faculté de retrait. Il en résulte que nous aurons à ce point de vue à résoudre corrélativement les mêmes questions qui nous ont occupé tout à l'heure.

On peut dire d'une façon générale que tout successible, appelé par la loi ou par le défunt à succéder à un titre universel, qu'il soit investi ou non de la saisine, qu'il ait accepté purement et simplement ou sous bénéfice d'inventaire, peut exercer le retrait. C'est à tort qu'on a voulu contester cette faculté à l'enfant naturel : il succède à une quote-part dont il a le droit de connaître les éléments, il peut sans aucun doute exiger sa part en nature ou demander le rapport, il a donc un intérêt évident à empêcher l'immixtion d'un étranger dans le partage, et par suite à intenter l'action en subrogation. On a encore refusé ce droit aux donataires ou légataires à un titre universel, en prétendant qu'ils ne se rattachaient pas à la famille du défunt, qu'ils n'avaient pas par suite à se préoccuper de la présence d'un étranger, et que d'ailleurs l'art. 841 consacrait une disposition exceptionnelle qu'on ne saurait en l'absence d'un texte formel étendre aux dispositions testamentaires (Ducaurroy, Bonnier et Roustaing II. 682) : nous répondrons simplement que le retrait a été institué non dans l'intérêt exclusif des héritiers légitimes, mais dans l'intérêt de la paix des partages, c'est-à-dire pour le profit de tous les appelés sans distinction (Cass. 21 avril 1830; Demante III. 171 bis II; Demol: succ. 4. 40).

Nous accordons le retrait à l'héritier bénéficiaire comme à celui pur et simple, car il n'en est pas moins héritier et soumis comme tel au rapport, et il a un intérêt non moins grand à écarter les étrangers d'un partage rendu déjà assez difficile par le mauvais état présumé de la succession; mais garde-t-il encore cette faculté quand il a fait abandon des biens aux créanciers? Nous le croyons aussi, car l'abandon qu'autorise l'art. 802 n'implique pas renonciation, alors surtout que l'acceptation bénéficiaire a eu justement pour effet de fermer ce dernier moyen à l'héritier: la maxime *semel heres semper heres* lui reste donc applicable et si l'on reconnait qu'en faisant cet abandon, loin d'abdiquer sa qualité d'héritier, il a au contraire usé de cette qualité, quelle raison aurait-on de lui refuser le retrait qui est une des prérogatives les plus importantes que la loi y ait attachées?

Il faut pour pouvoir retraire être appelé à la succession: il en résulte que ni le parent qui y serait appelé à défaut du cédant, ni celui qui en est exclu par un legs universel, ni le renonçant (sauf s'il renonce pour s'en tenir à un don ou legs universel ou à titre universel), ni l'indigne n'auront l'action en retrait. — Le cohéritier qui a cédé à un tiers ses droits successifs conserve-t-il la faculté de retrait contre le cessionnaire d'un de ses cohéritiers? Non, a-t-on dit, car ayant cédé ses droits et actions dans la succession, il n'a plus qualité pour exercer un droit qui y est compris; au surplus il demanderait par le retrait la résolution d'un acte identique à celui qu'il a lui-même consenti et on peut dire qu'en donnant à des tiers par sa cession le droit d'intervenir au partage, il a violé lui-même la disposition légale qu'il voudrait invoquer (Bastia 23 mars 1835). Nous comprenons cette solution quand l'héritier a cédé tous ses droits successifs, car alors il n'a plus aucun intérêt au partage, mais lorsqu'il n'en a cédé qu'une partie, nous nous refusons à appliquer la déchéance prononcée même dans ce cas par la Cour de Bastia : elle ne s'explique en effet ni par le texte de la loi, puisque le cédant reste copartageant, ni par son esprit puisqu'il est à ce titre également intéressé à la paix du partage ; ne peut-on pas ajouter qu'il a pu choisir son cessionnaire et le prendre honnête, sans être tenu par là même d'accepter le choix fait par son cosuccessible et de supporter un cessionnaire qui n'est à ses yeux qu'un spéculateur ? Qu'y a-t-il là enfin de contraire à la justice puisque ses cohéritiers jouissent du même bénéfice à l'encontre de son propre cessionnaire ? (Paris 11 mars 1859).

Le cohéritier cédant a-t-il le retrait contre son propre cessionnaire ? N'hésitons pas à répondre non, car ou il lui a cédé tous ses droits et il a perdu avec le droit de venir au partage celui d'exercer le retrait, ou il ne lui en a cédé qu'une partie et il s'est engagé par là même à ne pas évincer son ayant cause : nous ne croyons pas en effet que le caractère d'ordre public, qu'on peut jusqu'à un certain point attacher au retrait, suffise à dispenser le cédant du respect qu'il doit à un droit qu'il a lui-même consenti ; au reste ne serait-il pas juridiquement impossible que sur le même marché le même individu soit tout à la fois vendeur et acheteur ? (Cass. 27 juin 1832). — *Quid* des cohéritiers du cédant devenus ses héritiers par suite de son décès ? Nous croyons avec l'arrêt précité, et malgré une jurisprudence plus récente (Cass. 15 mai 1844), que s'ils ont accepté purement et simplement la succession, ils ne sont pas recevables à revenir contre le fait de leur auteur; on objecte il est vrai que le cédant n'a pu stipuler aucune restriction à l'exercice du retrait, de semblables conventions étant contraires à l'ordre public; mais on peut répondre que le cédant n'a rien stipulé de semblable, et qu'il s'agit purement et simplement d'appliquer à l'acte par lui consenti le principe général de la garantie. — Le légataire à titre particulier, celui universel en usufruit, l'ascendant donateur à l'encontre du cessionnaire d'un cohéritier de la succession ordinaire, le survivant de deux époux communs en biens, cessionnaire d'un droit successif à l'hérédité du prémourant, tous passibles du retrait, ne peuvent pas l'exercer, car fussent-ils parents ils ne sont pas successibles. Un cessionnaire non successible ne peut pas non plus retraire un autre cessionnaire non successible: l'art. 841 est en effet édicté contre les étrangers et non pour eux, de plus les deux adversaires étant alors *in pari causa* doivent être respectivement non recevables à se causer un préjudice.

Des difficultés s'élèvent quant à la détermination de ceux qui ont ou non qualité pour mettre en mouvement au nom d'autrui l'action en subrogation. Tout d'abord le mari peut-il seul exercer le retrait au nom de la femme cohéritière? Il y a des distinctions à faire: la négative s'impose sous le régime de la communauté, car l'art. 1428 ne donne au mari que l'exercice des actions mobilières et possessoires de la femme; sous le régime dotal avec constitution générale des biens présents et à venir, il pourra seul exercer le retrait, l'art. 1549 l'investit en effet du droit de poursuivre les débiteurs et détenteurs de la dot; mais il ne le pourra pas si les biens qui composent la succession sont paraphernaux, il n'a plus alors le droit d'en poursuivre les détenteurs, la femme l'exercera elle-même, mais avec son autorisation, car le retrait est une véritable al énation.

Le tuteur peut-il exercer le retrait sans l'autorisation du conseil de famille? Non, a-t-on dit, car c'est une action immobilière ou tout au moins relative à des droits immobiliers. Les partisans de l'affirmative répondent que c'est toujours le cessionnaire qui attaque, armé de son titre et que le tuteur pour l'écarter n'a qu'à user d'une exception. C'est se méprendre à notre sens sur le caractère du retrait successoral que d'en faire dans tous les cas une exception dans les mains du retrayant, aussi admettons-nous la première solution par le motif qu'il s'agit d'une opération essentiellement aléatoire, qu'à raison des graves circonstances qui peuvent en résulter, comme aussi d'ailleurs du caractère immobilier qui pourra s'attacher à l'acte, il est à la fois plus prudent et plus conforme à la loi de ne pas laisser le tuteur disposer seul d'intérêts aussi graves, et qu'alors qu'il n'aurait pas le droit d'accepter seul une succession pour le mineur, il serait bizarre et assurément contraire aux principes de lui permettre d'acquérir seul une part de succession et de courir les chances d'un marché aussi incertain.

On n'est pas d'accord non plus en ce qui concerne le curateur à la succession vacante : selon les uns le retrait excède les limites d'un acte d'administration et le curateur n'a pas plus ce pouvoir qu'il n'a celui de consentir un partage amiable; ce droit appartient il est vrai à l'héritier bénéficiaire, mais il le doit à une qualité que le curateur n'a pas, celle de successible, et il est permis de supposer que ce dernier n'apportera pas dans les affaires de la succession le même esprit de conciliation que des héritiers, ou même des légataires universels que le défunt par sa libéralité a en quelque sorte introduits dans la famille (Tulle 3 août 1842). Selon d'autres le curateur est le seul représentant légal de l'hérédité, c'est lui que la loi charge spécialement d'exercer les actions et de poursuivre les droits héréditaires, c'est à lui qu'elle donne le pouvoir de plaider en toute matière tant en demandant qu'en défendant, et les jugements obtenus par lui ou contre lui ont à l'égard de tous force de chose jugée : il y a d'autant moins de raison d'en excepter l'action en retrait que la nomination du curateur, émanant du tribunal, présente bien autant de garantie que le choix par le testateur d'un légataire universel qu'il initie aux affaires intérieures de la famille, et dès lors n'est-ce pas pour ainsi dire comme successeur d'un cohéritier du cédant qu'il exerce le retrait? Nous nous rangeons sans peine à ce dernier avis. (V. Montpellier 8 juin 1848, Dex : 49. 2. 279).

Un autre ordre d'idées empêche les créanciers d'exercer le retrait au nom et à défaut de leur débiteur : l'art. 1166 réserve les droits et actions exclusivement attachés à la personne du débiteur, or ce n'est pas l'intérêt pécuniaire qui domine le retrait, c'est une question de convenance et de libre appréciation dont la loi abandonne la solution au cohéritier personnellement et à lui seul ; comprendrait-on du reste que placée en présence de deux personnes, le créancier et l'acquéreur, *ambo certantes de damno vitando,* la loi mette à la discrétion de l'un les intérêts de l'autre, alors surtout qu'il ressort clairement de notre régime hypothécaire qu'elle a toujours moins favorisé le prêt que la circulation des biens ? En vain objecte-t-on que les créanciers ont le droit d'intervenir au partage (art. 788. 802. 2205), qu'ils peuvent exercer au nom de leur débiteur toutes les actions qui y sont relatives, et parmi elles l'action en retrait qui les intéresse au même titre : c'est résoudre la question par la question, puisque nous soutenons que la nature même du retrait s'oppose à ce que l'exercice en soit accordé aux créanciers : cet exercice n'aurait au surplus d'autre résultat que de substituer à un tiers un autre tiers pour servir un intérêt exclusivement pécuniaire (Cass. 14 juillet 1834).

Le retrait ne pourrait pas davantage être exercé en cas d'absence par l'un des héritiers présomptifs de l'absent contre le cessionnaire des droits d'un autre héritier présomptif (à supposer que cette cession fût possible, ce que nous n'avons pas admis), et cela tant qu'il n'y a pas eu envoi en possession définitif : jusque là en effet la succession de l'absent ne saurait être considérée comme ouverte (Bordeaux 23 avril 1856).

Somme toute le retrait appartient aux seuls successibles, c'est un point bien établi ; mais la réglementation de ce droit entre les cohéritiers soulève plus d'une difficulté.

La question la plus controversée est celle de savoir si, la succession se divisant en deux lignes, l'héritier d'une ligne peut exercer le retrait contre le cessionnaire d'un héritier de l'autre ligne, ou si au contraire cette faculté n'appartient qu'aux héritiers qui sont de la même ligne que le cédant. Un premier système, soutenu par Chabot et Toullier, refuse en principe aux héritiers d'une ligne le droit de retraire dans l'autre ligne ; ces auteurs rappellent l'art. 733 auquel, disent-ils, l'art. 841 n'a certainement pas dérogé, et qui divise *a priori* en deux parts égales toute succession échue aux ascendants ou aux collatéraux, l'une pour les parents de la ligne paternelle, l'autre pour ceux de la ligne maternelle ; ils rappellent aussi l'art. 786 aux termes duquel, si l'un des héritiers renonce ou est déclaré indigne, sa part n'accroît qu'à ses cohéritiers dans la même ligne :

ils en concluent que les membres d'une ligne n'ont aucun droit à réclamer à ceux de l'autre ligne et que l'admission du retrait de l'une à l'autre consacrerait un empiètement illégal d'un domaine sur l'autre. Ils conviennent toutefois que si le cédant était seul héritier dans sa ligne ou si tous les cohéritiers de la même ligne se refusaient à exercer le retrait, il pourrait être intenté par les héritiers de l'autre ligne intéressés à éloigner du partage toute cause de trouble. En donnant ainsi la préférence aux héritiers de la même ligne et en n'accordant l'action qu'à leur défaut à ceux de l'autre ligne ce système prétend concilier parfaitement les art. 733 et 841.

Un second système soutient au contraire que l'exercice du retrait est toujours possible d'une ligne à l'autre : les héritiers d'une ligne ne sont point en effet des étrangers pour les héritiers de l'autre ; ce sont tous des cosuccessibles venant à une même hérédité et l'art. 841 n'exige pas autre chose. Qu'importe qu'ils soient étrangers à la succession spéciale d'une ligne, puisqu'ils sont appelés à la succession générale et qu'il faut faire avant tout un partage en deux moitiés, auquel ils concourent, et dans lequel dès lors ils peuvent exiger qu'un étranger ne vienne pas les gêner? On reconnait bien que si un des héritiers de la seconde ligne s'était rendu cessionnaire des droits d'un héritier de la première, il échapperait au retrait comme héritier et comme ayant en cette qualité, indépendamment de la cession, le droit d'assister au partage et de connaître tous les secrets de la famille : or si pour cette raison la cession à lui faite est à l'abri du retrait, comme celle qui serait faite à un héritier de la même ligne que le cédant, comment pourra-t-on lui refuser le droit de critiquer, tout comme l'héritier de la ligne du cédant, la cession faite à un étranger ? (Marcadé. Benoit).

Pour nous nous reprochons au 1er système d'établir au profit des héritiers de la même ligne ou souche une préférence qui n'est justifiée ni par le texte de la loi ni par son esprit, puisque l'art. 841 confère le retrait à tous les cohéritiers indistinctement ; c'est aussi bien à faux qu'il invoque l'art. 733, attendu que si le parent d'une ligne devient ainsi acquéreur de la portion héréditaire du parent de l'autre ligne, c'est uniquement par l'effet du retrait successoral c'est-à-dire d'un transport légal, et non par l'effet d'une dévolution qui consacrerait d'une ligne à l'autre un empiètement tout à fait contraire à la loi. Pareil cas se représenterait du reste si le cohéritier d'une ligne cédait ses droits à l'héritier d'une autre ligne et cependant personne n'oserait prohiber cette vente et déclarer l'inaliénabilité de ces biens. Enfin la séparation d'intérêts est loin d'être complète entre les deux lignes car le rapport fait par un cohéritier profite aux représentants de l'autre ligne. Mais, n'adoptant pas non plus dans toutes ses parties le second système, nous pensons que la question doit être résolue par une distinction : nous admettrons que tant qu'aucun partage n'a encore été fait entre les deux lignes chaque membre d'une ligne est vraiment cohéritier des membres de l'autre ligne, et que par suite chucun d'eux, ayant un égal intérêt à écarter un tiers, pourra exercer le retrait à raison des droits cédés par un membre de la ligne opposée, de même qu'on devra respecter la cession faite par l'héritier d'une branche à un héritier de l'autre ; seulement lorsqu'une première division entre les deux lignes aura été opérée, les membres composant respectivement chaque catégorie, n'ayant plus alors aucun partage à faire entre eux, seront vraiment devenus étrangers les uns aux autres, ils ne seront plus cohéritiers, on sera hors des termes de l'art. 841 et il y aura comme une seconde succession s'ouvrant dans chaque ligne ou branche et au partage de laquelle ne concourront que ceux respectivement appelés par la loi. La faculté de retrait n'existera plus désormais qu'au profit des membres de la même catégorie que le cédant, et il est logique de conclure corrélativement que désormais aussi la cession faite par les membres d'une ligne à ceux de l'autre ligne sera soumise au retrait. (Demante ; Demolombe.)

L'art. 841 dit que le retrait peut être exercé soit par tout les cohéritieres soit par un seul : quand un seul l'a exercé, les autres peuvent-ils exiger que le bénéfice en soit partagé entre eux ? Deux opinions se sont produites. D'après la première le bénéfice du retrait n'appartient jamais exclusivement au retrayant et ses cohéritiers ont toujours le droit d'y participer en offrant de rendre une portion du remboursement. On invoque à l'appui les règles romaines sur les partages et les sociétés, d'après lesquelles tout héritier doit compte à la masse du gain quel qu'il soit qu'il a réalisé sur la chose commune (« *non ad ejus solius lucrum pertineat* » dit la loi 19 D. *Famil. ercisc)*, de même qu'il est défendu à tout associé de préférer à l'intérêt commun son intérêt particulier, principe reproduit d'ailleurs par notre Code dans les art. 1848 et 1849 : s'il en était autrement l'égalité dans les partages serait rompue, le retrait deviendrait le prix de la course ou l'œuvre du hasard, et l'on s'écarterait sans motif de la règle admise dans notre ancien droit à propos du retrait lignager, règle qui s'opposait formellement à ce que *festinatione unius jus alterius lœdatur*.. Au surplus, ajoute-t-on, l'art. 841 lui-même est conçu en ce sens, puisque d'une part il accorde collectivement à tous les héritiers le droit d'exercer le retrait, et que d'autre part il se borne à dire que le cessionnaire sera écarté du partage, sans prononcer aucunement sa subrogation à celui qu'il évince ; et s'il en est ainsi, est-il téméraire d'en conclure que le cessionnaire une fois écarté, les droits cédés rentrent naturellement et de plein droit dans la masse partageable pour profiter à tous ceux qui sont intéressés à compter un concurrent de moins dans le partage ? (Merlin. Q. de droit t. III. Retr. succ.)

Malgré ces arguments, la doctrine généralement admise par les auteurs comme par la jurisprudence est celle qui consacre le profit exclusif de celui qui a seul exercé le retrait. On répond au premier système que si c'est à tous les cohéritiers c'est aussi à chacun d'eux que l'art. 841 accorde le retrait. Il ne prononce pas il est vrai la subrogation du retrayant, mais n'est-ce pas là une conséquence naturelle du retrait au profit de quiconque a qualité pour l'exercer, par suite au profit d'un seul des cohéritiers comme au profit de tous ? Le caractère de l'opération est essentiellement aléatoire, si un seul l'a tentée c'est à ses risques et périls, et de même que si le résultat est mauvais les autres pourront le lui laisser pour compte, de même il est juste qu'il conserve exclusivement le profit que l'affaire a pu lui procurer : *quem sequuntur incommoda eumdem sequi debent commoda si extent.* Et si les cohéritiers du retrayant ne sont pas liés envers lui, c'est évidemment qu'il n'a été ni leur mandataire ni leur associé ; c'est donc à tort qu'on invoque en cette matière les principes de la société. Supposons pour un moment qu'au lieu de retraire le cessionnaire, le cohéritier ait acheté du cédant par voie de cession directe ; on est bien obligé de convenir que non seulement on ne pourrait pas l'obliger d'en faire compte à la masse, mais encore que sa qualité de successible le mettrait à l'abri du retrait : or est-ce qu'en acquérant cette part héréditaire par l'intermédiaire d'un étranger auquel elle aurait été précédemment cédée, il ne se trouve pas, comme subrogé à celui-ci, dans la même position que s'il l'eût acquise directement lui-même de ses cohéritiers, et peut-on trouver quelque raison de l'obliger au rapport à la masse de cette acquisition dans un cas plutôt que dans l'autre? Dans les deux cas satisfaction complète est donnée à l'art. 841, puisqu'au bout du compte l'étranger est écarté du partage ; à cet égard le but de la loi est rempli par l'action d'un seul des cohéritiers comme par l'action de tous, les autres n'ont dès lors rien à réclamer de ce chef. L'action une fois intentée par l'un d'eux, ils n'ont que le droit de se joindre à lui dans l'instance engagée, et ils le conservent à notre avis tant que le retrayant ne s'est pas approprié le retrait par l'acquiescement volontaire du retrayé ou par un jugement passé en force de chose jugée et admettant le retrait : la déchéance en effet ne peut partir ni de la demande en retrait, car ce serait en faire le vrai prix de la course, ni du remboursement effectif lequel exécute mais ne consomme pas le retrait. (Montpellier 7 juillet 1824 ; Cass. 28 juin 1836. Marcadé ; Demante ; Aubry et Rau etc...)

Le droit de retrait est personnel aux cohéritiers, c'est une faculté que la loi a exclusivement attachée à leur personne et à leur qualité : nous en concluons que ce droit ne peut pas être cédé par eux. Une pareille cession irait d'ailleurs contre le but cherché par la loi puisqu'elle n'aurait pour résultat que de substituer un autre étranger à celui qui serait écarté. Mais rien ne s'oppose à ce que l'héritier se réservant pour lui-même l'exercice du retrait cède à un tiers les avantages éventuels qui pourront résulter de cet exercice (Montpellier 29 avril 1857. Dev : 57. 2, 214).

De ce que la faculté de retrait est incessible, il ne faut pas conclure qu'elle soit intransmissible aux héritiers ou aux donataires ou légataires universels ou à titre universel de celui qui en jouissait : les héritiers succèdent en effet à tous les droits et actions du défunt, or le *de cujus* avait le droit de retrait dans son patrimoine avant même de l'exercer, il le transmet avec ce patrimoine à ses successeurs universels. La question est peut-être plus douteuse pour celui qui n'est donataire ou légataire que des droits successifs d'un cohéritier, mais comme d'une part il n'est pas retrayable et qu'il est de règle que celui contre lequel le retrait ne peut pas être exercé peut l'exercer lui-même, comme d'autre part il faut bien reconnaître que la faculté de retrait fait forcément partie des droits successifs, nous estimons qu'elle doit aller au donataire ou légataire de ces droits successifs, dans lequel il faut voir l'ayant cause du donateur ou testateur quant à toutes les actions relatives aux droits successifs donnés ou légués.

Le droit une fois transmis, comment les cosuccessibles d'un cohéritier défunt l'exerceront-ils ? Nous supposons qu'une succession s'ouvre au profit de plusieurs cohéritiers dont l'un vend ses droits à un tiers ; un autre meurt ensuite laissant par exemple 4 enfants ; un de ces enfants veut exercer le retrait, le peut-il pour le tout ou seulement pour 1/4 ? On a voulu appliquer par analogie à cette hypothèse les art. 1668 et 1669 disposant qu'en cas de réméré ceux qui ont vendu conjointement ou les héritiers du vendeur ne peuvent user du rachat que jusqu'à concurrence de leur part héréditaire; mais outre qu'on ne peut guère transporter ainsi à loisir des dispositions législatives d'une matière dans une autre, tout nous conduit à conclure à l'indivisibilité du retrait successoral : d'une part en effet la divisibilité est si contraire à l'essence même du retrait que nous avons vu le plus diligent des cohéritiers en recueillir exclusivement le profit, et d'autre part la division ne remplirait pas le but de la loi puisque, si le retrait dans les mains de l'héritier était restreint à sa part dans la succession de l'auteur commun, le cessionnaire étranger resterait toujours propriétaire d'une certaine portion des biens vendus.

SECTION II

QUELLES SONT LES CESSIONS SUJETTES AU RETRAIT ?

L'art. 841 s'applique à toute cession de droits successifs consentie à titre onéreux, avant partage, par un cohéritier à un non successible.

Deux conditions essentielles ressortent de cette définition :

1° Il faut que la cession ait pour objet un droit à la succession, c'est-à-dire à l'universalité héréditaire qui va être l'objet du partage, à la masse des biens, droits et charges laissés par le *de cujus*. Il n'est pas nécessaire du reste que l'héritier ait cédé son droit tout entier, une quote-part du droit héréditaire constitue tout aussi bien un droit à la succession aux termes de l'art. 841 ; l'esprit de la loi l'exige non moins que la lettre, car l'acquéreur de la moitié ou du quart a le même droit de venir au partage et de s'immiscer dans la connaissance des titres et documents de famille que l'acquéreur de l'intégralité. Si le retrait ne pouvait être exercé que contre une cession totale, on arriverait à ce résultat absurde et prêtant à la fraude qu'en fractionnant son droit héréditaire entre une légion de petits cessionnaires, l'héritier pourrait introduire dans le partage l'indiscrétion et le trouble, alors qu'il n'y aurait qu'un mot à dire pour en écarter un cessionnaire unique.

Que dire de celui auquel l'héritier aurait vendu non plus son droit successif en entier, ni même une quote-part de ce droit, mais seulement son droit indivis sur un ou plusieurs objets déterminés de la succession ? Ce droit indivis équivaut, a-t-on dit, à une quote-part du droit héréditaire, puisque la détermination précise en est également subordonnée au partage à intervenir : il sera donc sujet au retrait, d'autant mieux que l'acquéreur d'objets déterminés, ayant un interêt personnel à faire tomber tel objet dans son lot, s'opposera obstinément à tout arrangement contraire, tandis que l'acquéreur de droits successifs, ayant les mêmes intérêts que son cédant, se montrera favorable à toutes les transactions pourvu qu'il obtienne, n'importe comment, un droit égal à celui des autres copartageants. (Demante t. III n° 171 bis I.) Une autre opinion, soutenue par Chabot, Duranton et Marcadé , subordonne la solution aux circonstances et admet ou rejette le retrait suivant que c ecessionnaire demande ou non à s'immiscer dans les opérations du partage. Nous ne pouvons admettre cette distinction que rien ne vient justifier et qui a le tort grave de soumettre au caprice d'un cessionnaire la question de savoir si le retrait pourra ou non être exercé. Nous pensons, avec les partisans d'un troisième système, qu'en présence d'une pareille cession le retrait ne saurait être admis, et nous en donnons pour motifs que le retrait est un privilége *stricti juris* que l'on ne peut étendre au delà de ses termes, que céder un droit sur certains objets déterminés ce n'est pas céder un droit à l'universalité héréditaire, et que par suite ce cessionnaire de corps certains n'a aucune qualité pour figurer au partage de l'*universum jus ;* les art. 882 et 2205 lui donnent bien un certain droit de contrôle comme ayant cause d'un cohéritier mais tous les créanciers ont ce droit sans que l'exercice d'aucun retrait puisse le leur enlever. (En ce sens : Toullier, Benoît, Aubry et Rau, Demolombe ; Cass. 14 août 1840 Dev : 40. 1. 753.)

Nous avons cependant à excepter le cas où une telle cession comprendrait de fait la part indivise du cohéritier sur tous les objets composant la succession : dans ce cas les motifs qui ont inspiré le retrait se représenteraient dans toute leur force et il ne faudrait pas que grâce à une désignation spécifique des objets cédés on pût en éluder les effets : c'est ainsi que le 16 mai 1848, la Cour de cassation a décidé que le retrait pourrait être exercé alors même que la cession ne porterait que sur une portion indivise dans un immeuble déterminé, si, en réalité, cet immeuble composant à lui seul toute la succession, on a eu vraiment l'intention de vendre une quote-part de l'universalité héréditaire. (Dev : 48, 2. 388),

Faut-il restreindre la faculté de retrait au partage d'une succession, ou convient-il de l'étendre à tous les cas d'indivision d'où l'on peut sortir par un partage, comme une société, une communauté conjugale ? En faveur de l'extension, on n'a pu invoquer que des considérations générales : dans tous les partages, a-t-on dit, le législateur à le même intérêt à prévenir les contestations et à écarter les spéculations ; de plus il y a si peu incompatibilité qu'un grand nombre des dispositions du titre des successions s'appliquent aux masses indivises et il n'y aurait aucune bonne raison d'en excepter le retrait. Nous répondrons simplement que l'art. 841, consacrant un droit exceptionnel et exorbitant, doit nécessairement recevoir une interprétation restrictive, et qu'il n'y a ni cohéritier ni droit successif dans une société ou dans une communauté ; c'est en vain qu'on invoque l'art. 1476, car loin d'autoriser par analogie l'application du retrait successoral en matière de communauté, il l'en écarte au contraire formellement puisque le retrait ne se rattache ni aux formes, ni aux effets, ni à la garantie des partages auxquels renvoie cet article ; il n'en est pas autrement de l'art. 1872 qui en matière de société se réfère aussi au titre des successions ; au surplus dans ce dernier cas on ne peut pas arguer, en faveur de l'admission du retrait, de l'inconvénient procuré par l'accès d'un étranger au partage, puisque la loi elle-même autorise chaque associé à s'adjoindre un tiers. On peut même ajouter que le retrait se rattache si peu au portage qu'il peut être exercé indépendamment de toute demande tendant à ce but, et qu'il peut même le rendre inutile dans l'hypothèse où il n'y aurait que deux cohéritiers, le cédant et le retrayant. (Cass. 12 mars 1839 ; Troplong, Des Sociétés ; Demolombe).

2° Il faut en second lieu, pour que l'art. 841 soit applicable, que la cession ait été faite à titre onéreux : c'est ce que suppose l'article lui-même en exigeant du retrayant qu'il rembourse le prix de la cession. Il n'y a pas lieu de supposer en effet chez un donataire l'avidité d'un spéculateur. Aussi les constitutions romaines *Per div.* et *Ab Anast.*, qui sont comme nous l'avons vu la source de notre retrait successoral, avaient-elles fait exception aux principes pour le cas de cession à titre gratuit : « *Si autem per donationem cessio* « *facta est, sciant omnes hujusmodi legi locum non* « *esse,* » La donation ou le legs ne perdrait pas d'ailleurs son caractère de libéralité par l'adjonction de certaines charges imposées au donataire, pourvu toutefois qu'on ne puisse pas les considérer comme le véritable prix d'une transmission à titre onéreux, déguisée sous les apparences d'une cession gratuite.

La cession a pu s'opérer partie à titre gratuit partie à titre onéreux, soit que la même personne ait acquis les droits successifs de deux cohéritiers et soit donataire ou légataire de l'un et cessionnaire à titre onéreux de l'autre, soit qu'il s'agisse des droits successifs d'un seul cohéritier et que l'acte de transmission soit présenté pour partie comme une cession, pour partie comme une donation : dans le premier cas on a pu dire avec raison « que le cessionnaire ne serait certainement pas soumis au retrait successoral, car les héritiers n'auraient aucun intérêt à l'écarter du partage comme acquéreur, alors qu'il pourrait y assister comme donataire. » (Dutruc n° 500.) Au second cas la loi 23 C. *Mandati* présumait la donation faite en fraude de la loi ; Pothier dans l'ancien droit, Troplong dans le droit moderne ont enseigné la même thèse ; mais comme aucun texte du Code n'a établi une présomption légale aussi rigoureuse, nous pensons que comme toutes les questions de fraude celle-ci doit être laissée à la souveraine appréciation des tribunaux.

L'exception qui protége la cession à titre gratuit ne saurait s'appliquer au sous-cessionnaire à titre onéreux d'un cessionnaire à titre gratuit : nous sommes bien en effet dans l'hypothèse du retrait, et il n'est pas possible d'admettre qu'un donataire ait le droit que n'a pas un cohéritier d'introduire forcément dans le partage un spéculateur étranger : le retrayant devra alors rembourser au sous-cessionnaire à titre onéreux le prix par lui payé au cessionnaire à titre gratuit. L'exception ne s'appliquerait pas davantage au sous-cessionnaire à titre gratuit d'un cessionnaire à titre onéreux ; car bien que celui-ci ne puisse être suspecté d'avidité, il est vrai de dire que son auteur n'a pu lui transférer plus de droits qu'il n'en avait lui-même : il aura seulement droit au remboursement du prix de la cession principale, aux effets de laquelle la donation l'a tacitement subrogé.

Le retrait recevrait son application alors même que le cédant aurait fait postérieurement à la vente remise du prix au cessionnaire : la cession ne change pas de nature, car ce qui est donné en pareil cas c'est le prix de la cession, ce ne sont pas les droits successifs. Il n'y a pas non plus à distinguer suivant que le prix est en argent ou consiste en une rente viagère ou perpétuelle.

Peu importe encore qu'il s'agisse d'une vente ou d'un échange : seulement dans ce dernier cas, comme dans tous ceux où les charges de l'acquisition ne consisteraient pas en choses fongibles, on devra recourir à une évaluation contradictoire entre le retrayant et le cessionnaire, évaluation qui portera, non pas sur les droits successifs cédés (l'importance n'en sera connue qu'après le partage dont le cessionnaire est précisément exclu), mais bien sur les équivalents que celui-ci a fournis ou s'est obligé à fournir.

On s'est encore demandé si le retrait était possible contre une cession de droits successifs consentie par un héritier à son créancier à titre de dation en paiement : Demante (t. III n° 171 bis VI) fait remarquer que la constitution d'Anastase, comme d'ailleurs l'art. 1701 de notre Code relatif au retrait litigieux, exceptait de la règle générale la cession faite à un créancier en paiement de ce qui lui était dû, parcequ'on considérait que ce créancier avait pour se rendre cessionnaire un motif légitime qui écartait de sa personne toute supposition fâcheuse ; il ajoute que la même raison de décider se retrouve à l'occasion du retrait successoral, inspiré du reste du retrait litigieux, et qu'au surplus, le créancier d'un copartageant ayant toujours qualité pour intervenir au partage et veiller à la conservation des droits de son débiteur (art. 882), il n'y avait ni motif ni utilité à l'en exclure quand ces droits lui ont été transportés. L'opinion contraire, admettant le retrait, est cependant plus généralement suivie : l'art. 841, dit-on, a formellement admis l'exception contenue au 1° de l'art. 1701, ne doit-on pas en conclure que par son silence même il a écarté les autres ? Il y a d'ailleurs un puissant motif de différence : le transport n'est pas du tout nécessaire au créancier pour sauvegarder ses droits, car il est sûr que le partage se fera et que son débiteur y prendra une part, tandis que s'il s'agit de droits litigieux dont le débiteur néglige l'exercice, ils pourraient être perdus pour lui sans retour, s'il n'usait pas du moyen que la loi dans ce cas a eu soin de mettre à sa portée. (Cass. 12 août 1868 Dev : 68. 1. 280).

La cession de droits successifs, faite par voie d'adjudication publique et aux enchères, est-elle soumise au retrait? S'il s'agit d'adjudication volontaire, par devant notaire, même après publication et affiches, ce n'en est pas moins une cession et il n'y a aucun motif de la distinguer de la vente ordinaire au point de vue du retrait : la publicité, laissée au gré du vendeur, a pu ne pas être complète et n'être point parvenue aux cohéritiers du cédant. Mais un doute sérieux s'élève s'il s'agit d'une adjudication forcée faite en justice ; non pas qu'un créancier des cohéritiers ait pu saisir et faire vendre les droits successifs, car ce mode d'exécution se heurterait à la prohibition de l'art. 2205, mais on peut supposer que des droits successifs, échus à une personne décédée depuis et se trouvant dans sa succession, soient vendus en justice dans les formes du Code de procédure, par un héritier bénéficiaire. On a voulu dire qu'une pareille adjudication n'était pas de nature à éloigner les spéculateurs, que les cohéritiers qui auraient pu se rendre adjudicataires ont encore ignoré peut-être l'adjudication ou n'avaient pas à ce moment là les ressources nécessaires pour acquérir, ou qu'enfin ils ne s'attendaient pas de la part de l'adjudicataire aux difficultés qu'il soulève aujourd'hui et qui les déterminent à l'écarter (Lyon 19 juillet 1843, *de Montviol,* Dev : 44. 1. 605). L'opinion de Pothier était au contraire que l'adjudicataire n'est pas un odieux acheteur de procès puisque la justice, par voie d'affiches, l'a en quelque sorte invité à acquérir ; un moyen était du reste ouvert aux cohéritiers pour l'écarter, c'était de se rendre adjudicataires, et ils ne pourraient alléguer l'ignorance d'une opération qui a reçu toute la publicité voulue. On peut ajouter que la menace du retrait, pesant à chaque instant sur l'étranger , ne rendrait pas le partie égale entre les divers concurrents, admis aux enchères. Enfin , et surtout, est - il possible de dire qu'en pareil cas le cohéritier a cédé son droit? Adjudication est tout autre chose que cession : tous ces motifs nous déterminent à conclure que dans cette hypothèse l'art. 841 n'est pas applicable (Paris 14 juin 1834).

En résumé pour qu'il y ait lieu au retrait il faut qu'on se trouve en présence d'une cession véritable de droits successifs et que cette cession ait été faite à titre onéreux : peu importe du reste la nature du prix stipulé ou des conditions insérées dans le contrat; l'acte, quel qu'en soit le prix c'est-à-dire l'équivalent, est dans tous les cas à titre onéreux (art. 1104 et 1106) et comme tel il doit rentrer dans les termes de l'art. 841. S'il en était autrement il serait trop facile de soustraire toutes les cessions au retrait successoral, et il importait au législateur de se mettre en garde contre les moyens détournés que les parties pourraient prendre pour déjouer la prévoyance de la loi et faire obstacle à l'exercice du retrait. Déjà la loi *Per diversas* faisait allusion à ce qu'elle appelait des *machinationes per artes clandestinas* et s'appliquait à donner une sanction à la Constitution d'Anastase. L'ancien droit s'en était aussi préoccupé et il punissait sévèrement les simulations frauduleuses concertées entre le vendeur et l'acheteur pour éloigner les héritiers du retrait et leur en rendre les conditions plus onéreuses. Il semble qu'encore aujourd'hui tous les moyens sont bons pour parer à l'expropriation consacrée par l'art. 841. Ces fraudes consistent soit à déguiser une véritable cession à titre onéreux sous la forme d'une libéralité... *coloratam et simulatam donationem* (l. 23 C. *Mandati*); soit à dissimuler l'existence même de la cession de manière à ce que le cohéritier cédant figure seul au partage tout comme si les droits successifs continuaient à lui appartenir, ou à ce que le cessionnaire rentrant en scène exhibe, pour justifier sa présence au partage une procuration le constituant mandataire de l'héritier qui lui a secrètement vendu ses droits ; soit enfin, sans dissimuler ni l'existence ni le caractère de la cession, à en dissimuler le prix et les conditions véritables, en les exagérant faussement de façon à entraver l'exercice du retrait. Dans ces différents cas les manœuvres employées ne doivent certainement pas avoir raison de l'institution qu'elles ont pour objet d'éluder, mais ce sera aux cohéritiers à tâcher de découvrir la fraude et à en rapporter la preuve, ce qui sera souvent très-difficile : la preuve testimoniale et les présomptions seront du reste admissibles puisqu'il s'agit d'une fraude dont ils n'ont pas pu se procurer la preuve par écrit. Aussi la preuve une fois faite, les cohéritiers pourront demander la subrogation non seulement jusqu'au partage, mais encore, contrairement aux principes, après le partage accompli ; et le cessionnaire serait mal venu à s'en plaindre puisque c'est par son fait que les héritiers, ignorant la cession, ont été dans l'impossibilité d'exercer le retrait dans les délais légaux. C'est dans cet esprit qu'un arrêt de la Cour suprême du 4 déc. 1820 a décidé que le retrait pouvait être exercé sur une vente de droits successifs faite après le partage, s'il résultait des circonstances que cet acte ne faisait qu'un avec un autre acte de vente passé avant partage, mais frauduleusement résilié en vue d'éluder l'exercice du retrait : sans cela les cessionnaires n'auraient qu'à attendre la fin du partage pour faire connaître leur traité, se contentant d'agir jusque là par procurations.

Un autre genre de fraude consiste à rendre difficile la détermination exacte du prix : on achète les droits successifs d'un cohéritier, puis en même temps, *unico pretio* et sans ventilation, on lui achète d'autres biens ; et alors quand un cohéritier se présente pour demander la subrogation le cessionnaire lui dit : « Vous voulez prendre mon marché, c'est votre droit, mais il faut que vous preniez non seulement les droits successifs mais encore les autres biens que j'ai achetés en même temps, et que vous me payiez le prix total qui a été fixé. » Il faut bien aussi venir à bout de cette fraude, car la façon plus ou moins ingénieuse dont les parties ont passé l'acte ne saurait prévaloir sur une disposition formelle de la loi : nous permettrons donc au cohéritier de demander la ventilation, c'est-à-dire la détermination distincte de la valeur des droits héréditaires et de la valeur des biens qu'on y a joints dans la cession, et de ne payer que le prix afférent à la part héréditaire, laissant les autres biens au cessionnaire. La jurisprudence est depuis longtemps fixée en ce sens et elle a jugé à maintes reprises que c'était au cessionnaire à avoir soin, en prévision du retrait, de stipuler un prix distinct pour les droits successifs, que s'il ne l'a pas fait on peut supposer qu'il a eu l'idée d'éluder la demande en subrogation et que dès lors il est de toute justice que le retrait n'en soit pas entravé et qu'une ventilation vienne dissiper une confusion que le retrayé ne peut s'imputer qu'à lui-même. (V. Riom 2 mars 1827 ; Cass. 3 mai 1830.)

Les parties ont enfin pu insérer dans la cession une clause en vertu de laquelle la vente serait considérée comme nulle au cas où l'on exercerait le retrait : devons-nous la respecter? Pothier tenait la clause pour nulle à propos du retrait lignager, par le motif qu'il n'est pas au pouvoir des parties d'empêcher dans leurs affaires l'action de la loi. C'est aussi l'opinon que nous suivrons aujourd'hui, car il s'agit d'une clause qui tend à rendre illusoire une disposition légale qui a, il faut le reconnaître, un certain caractère d'ordre public, et sans une pareille sanction cette clause deviendrait de style et la loi serait impunément violée. Dans cette question comme dans les précédentes, la solution contraire aurait un résultat fort regrettable : la loi se déclarant impuissante devant le dol, et par cela même accordant une prime à la fraude !

SECTION III

SOUS QUELLES CONDITIONS ET DANS QUEL DÉLAI LE RETRAIT PEUT-IL ÊTRE EXERCÉ ?

I. — Quelles conditions exige-t-on des cohéritiers qui veulent exercer le retrait? L'art. 841 leur impose l'obligation de rembourser au cessionnaire écarté le prix de la cession. La loi veut qu'en disparaissant du marché le cessionnaire se retire indemne et que le retrayant, en s'appropriant la cession, le désintéresse de ce qu'elle lui a coûté : il en résulte que c'est le prix payé par le retrayé au cédant, et non la valeur des droits cédés, que l'on devra rembourser. Il ne s'agit pas d'ailleurs, on le comprend, du prix stipulé dans l'acte, mais bien du prix qui a été réellement convenu et payé par le cessionnaire au cédant : on a pu user en effet de mensonge ou d'exagération pour entraver la faculté de retrait, mais nous savons déjà que le retrayant pourra prouver la simulation du prix tant par titres que par témoins et même par de simples présomptions laissées à l'appréciation des juges : vainement objecterait-on la défense de prouver contre et outre le contenu aux actes, car elle ne s'adresse qu'aux parties, qui ont à s'imputer d'y avoir laissé comprendre un vice ou d'avoir omis quelque chose de ce qui devait y être compris, et elle ne peut en aucune façon être opposable aux tiers, en fraude desquels on ne doit pas pas pouvoir énoncer dans des actes des choses contraires à la vérité. *A fortiori* le cohéritier pourra-t-il déférer le serment au cessionnaire ou le faire interroger sur faits et articles. Il n'y pas non plus à distinguer si l'acte est authentique ou sous seings privés: *fraus omnia corrumpit.*

Si le retrayant a pu prouver l'exagération du prix déclaré, nous pensons qu'il ne doit rembourser au cessionnaire les frais d'enregistrement que sur le pied du prix réel de la cession: si ce dernier est constitué en perte, il n'a qu'à l'imputer à la fraude qu'il a bien voulu pratiquer. Le demandeur en retrait a pu arriver à la preuve de l'exagération du prix, mais sans pouvoir déterminer exactement la somme qui a été réellement payée: dans ce cas il appartient aux tribunaux de la fixer d'après leurs lumières et les circonstances de la cause; il y aurait en effet contradiction à les mettre à même de constater la fraude et à leur refuser les moyens de la déjouer (Paris 14 févr. 1834).

L'esprit de l'art. 841 est de rendre le cessionnaire indemne; aussi par anologie de l'art. 1699 relatif au retrait litigieux nous exigerons du retrayant qu'il rembourse, en outre du prix, d'une part les intérêts depuis le jour où le cessionnaire a payé le cédant, sauf à en déduire la valeur estimative des fruits que le retrayé aura pu percevoir pour son propre compte; d'autre part les frais et loyaux coûts du contrat, et il faut entendre par là toutes les dépenses dont l'acquisition a été la cause immédiate et celles faites pour y parvenir: les frais d'enregistrement, de transcription, les honoraires du notaire; mais on n'y comprendra ni l'indemnité réclamée par le cessionnaire pour soins qu'il aurait personnellement donnés à la chose, ni les frais d'une instance qu'il aurait soutenue peut-être à tort contre le cédant, ni les épingles ou pots-de-vin qui auraient accompagné le marché, ni les frais pour voyages ou expertises, ni enfin ceux d'une saisie pratiquée sur les biens de la succession par un créancier du cessionnaire et n'ayant aucun trait à la cession. Le cessionnaire devra encore être remboursé soit des contributions ou droits de mutation payés pour la succession, jusqu'à concurrence de la quotité mise à la charge de la part cédée, soit des impenses par lui faites sur la chose même et ayant un caractère nécessaire ou seulement utile ; quant à celles simplement voluptuaires, le cessionnaire ne pourra enlever que ce qui peut être ôté sans détérioration.

Quand le prix n'est pas un capital en argent, il y a plus de difficulté. Ainsi lorsque la cession a eu lieu par voie d'échange il est impossible que le retrayant rende les objets donnés en retour par le cessionnaire puisqu'ils resteront la propriété du cédant qui n'est pas touché par le retrait, mais il est généralement admis qu'il y aura à rembourser la valeur qu'avaient ces objets au moment de la cession ; si le cessionnaire, en retour des droits cédés, s'était engagé à faire un certain travail on en ferait de même l'évaluation et celle-ci lui serait remboursée.

Si le prix de la cession consiste en une rente viagère que le cessionnaire doit servir au cédant ou à un tiers, et qu'elle ne soit pas éteinte au moment du retrait, il est hors de doute que le retrayant doit rembourser les arrérages déjà payés et se charger à l'avenir du service de la rente ; mais si elle est éteinte au moment du retrait, que faudra-t-il rembourser au retrayé ? Pothier, à propos du retrait féodal, disait que ce retrait n'était plus possible en pareil cas, puisque le risque, qui était l'essence même du marché, avait disparu et que dès lors il n'y avait plus lieu de prendre ce marché à la place de l'acquéreur. Plus tard le même auteur admettait au contraire la possibilité du retrait, mais à condition que le retrayant rembourserait non pas les arrérages payés, mais le prix du risque dont le cessionnaire s'était chargé par le contrat c'est-à-dire la valeur de la rente viagère, au temps du contrat, appréciée par des arbitres. De nos jours on ne suit aucune de ces deux opinions : la première a le tort d'appliquer une déchéance qui n'est fondée ni sur le texte de la loi ni sur des motifs plausibles ; la seconde est peu en rapport avec la nature du contrat intervenu. Le retrayant prenant le marché du retrayé ne doit pas donner un prix différent de celui qui a été payé par ce dernier ; subrogé *in omnibus* et *per omnia,* il doit profiter de tous les avantages éventuels qui pourront se réaliser dans l'intervalle qui sépare la cession de l'exercice du retrait, et notamment de l'extinction de la rente par le décès du créancier ; et si ce dernier événement a libéré le cessionnaire, le retrayant, qui ne doit pas subir d'autres conditions, ne peut pas être obligé de payer plus ; il n'est donc tenu de rembourser que les arrérages déjà payés par le cessionnaire, avec les intérêts à compter de chaque paiement. Un arrêt de la Cour d'Amiens, du 14 mars 1806, a consacré cette décision par le motif que le subrogé avait droit à partir du contrat à tous les événements auxquels ce contrat a pu ou pourra donner lieu, et le 1er déc. 1806 la Cour suprême, posant en principe que le retrayant est censé avoir traité directement avec le cédant, confirmait cette manière de voir. (Chabot ; Aubry et Rau ; Demolombe nº 114).

La détermination du prix à rembourser présente encore de sérieuses difficultés quand le cessionnaire de droits successifs a revendu à un sous-acquéreur, moyennant un prix supérieur ou inférieur à celui de la première vente : est-ce le prix de la première vente ou celui de la seconde qui doit être remboursé par le retrayant? La doctrine se prononce en général pour le prix de la première vente; c'était, dit-on, le principe observé autrefois en matière de retraits et le lignager, ayant contre le sous-acquéreur la même action que contre l'acquéreur, devait rembourser à celui-là le prix pour lequel celui-ci avait acheté (Pothier, Des retraits n°341); or l'art 841 paraît avoir consacré le même principe puisqu'il exige textuellement le remboursement du prix de la cession par un cohéritier de son droit à la succession, ce qui se réfère évidemment au prix de la cession première; cettre doctrine est très juridique, ajoute-t-on, puisque le second cessionnaire n'est que l'ayant cause du premier, qu'il le remplace dans tous ses droits, mais rien que dans ses droits, et que par suite il n'a pu tenir de lui les droits successifs que sous les conditions inhérentes à sa propre cession; quand la première cession a été faite, le droit a été acquis par tous les cohéritiers d'exercer le retrait aux conditions de cette cession, la volonté du cédant n'a rien pu y changer, et s'il en était autrement, rien ne serait plus facile que d'exagérer fictivement le prix de la sous-cession en vue d'éluder le retrait. (V. Labbé, Revue crit. de législ. 1855. t. VI p. 153; Demol: n° 110.)

Malgré toutes ces raisons nous pensons que c'est le prix de la seconde cession qui doit être remboursé au sous-acquéreur: c'est ce dernier en effet qui est seul détenteur et seul propriétaire des droits cédés, c'est par conséquent contre lui que le retrait sera exercé; mais si c'est lui qu'on écarte du partage, c'est lui qui aux termes de l'art. 841 lui-même doit être rendu indemne, c'est bien dès lors son prix qu'on doit lui restituer si l'on veut légalement prendre sa place en le désintéressant complètement. Au reste c'est bien ce qu'on serait obligé de faire si on se trouvait en présence du sous-acquéreur à titre onéreux d'un cessionnaire à titre gratuit, et si l'on nous objecte que dans l'hypothèse inverse d'un sous-cessionnaire à titre gratuit d'un cessionnaire à titre onéreux, c'est le prix de la première cession qu'on devra rembourser, nous répondrons que c'est précisément parce qu'il représente la valeur donnée, et qu'à cette condition seulement le donataire pourra se retirer indemne selon le vœu de la loi. Si le retrait lignager obéissait à d'autres règles, c'est qu'il avait un but purement réel, la reprise de l'immeuble aliéné, tandis que le rôle du retrait successoral est plutôt personnel, en ce sens qu'il vise à écarter la personne du retrayé quel qu'il soit, sans s'occuper des biens que l'opération aura rendus la propriété du retrayant. On nous dira encore que l'art. 841 ne vise que la cession par un cohéritier : mais qu'importe que la cession à laquelle le retrayant se substitue émane directement de son cohéritier ou de ceux qui, ayant acheté de lui, sont ses ayant droits ? On nous opposera enfin le droit acquis des cohéritiers aux conditions de la première cession : nous répondrons qu'il y aura et qu'il ne pourra y avoir pour eux de droits acquis au retrait, que lorsqu'ils auront fait des offres ou notifié aux intéressés leur volonté de retraire : alors, mais alors seulement, leurs obligations ni leurs droits ne pourront plus être modifiés par des cessions ultérieures. On pourra il est vrai exagérer le prix de la sous-cession, mais le même danger ne se présente-t-il pas pour la cession principale ? Dans un cas comme dans l'autre la fraude pourra être établie par tous moyens, d'autant plus facilement dans notre hypothèse, que le prix de la première cession pourra servir de terme de comparaison.

Ce système a été franchement adopté par un arrêt de

la Cour de Besançon du 5 juin 1877 (Dev : 58. 2. 292) et la Cour de cassation elle-même semble avoir admis cette doctrine en matière de retrait litigieux, car il paraît résulter d'un de ses arrêts que le retrayant ne serait autorisé à rembourser au second cessionnaire le prix de la première cession, moins élevé dans l'espèce que le prix de la seconde, que parce que la première cession avait été frauduleusement tenue secrète (15 janv. 1840, Dev : 40. 1. 429).

Pour ceux qui suivent le premier système, il reste à trancher la question de savoir qui, du premier ou du second cessionnaire, profitera de l'excédant du prix de la première vente sur le prix de la seconde, et à l'inverse qui souffrira de la différence en moins ? Si par exemple le deuxième cessionnaire a acheté 80 ce que le premier avait acheté 100, bénéficiera-t-il des 20 ou devra-t-il les restituer à son cédant? Si au contraire il a payé 120 ce que le premier avait payé 100, pourra-t-il réclamer à celui-ci les 20 que le retrayant ne lui rembourse pas ? Une première opinion enseigne que la différence en plus ou en moins entre le prix des deux cessions est toujours au profit ou à la charge du premier cessionnaire : le sous-acquéreur devra restituer à son cédant les 20, excédant du prix de la vente sur la revente, de même qu'il devra être remboursé par lui de la différence en moins du premier prix sur le second, dont le retrayant est dispensé de lui faire compte. Cette solution, admise dans l'ancien droit par Bartole, a été reprise de nos jours par M. Labbé *(loc. cit.)* qui, pour établir que le deuxième acheteur ne doit pas bénéficier de la différence, distingue les droits servant à l'acheteur pour se défendre contre les tiers et que le vendeur lui a nécessairement transmis, des droits personnels qui, n'ayant pas trait à la garantie de l'acquéreur, sont nés au profit du vendeur à l'occasion de la chose et que celui-ci est présumé avoir conservés : or le droit à l'excédant du prix fait partie de ces derniers, puisque dans tous les cas l'acquéreur ne devra déguerpir qu'après paiement intégral du prix de la première vente.

Une seconde opinion refuse au premier cessionnaire le profit résultant de la différence en plus et lui fait supporter la perte provenant de la différence en moins ; Pothier qui la soutenait (Des retraits : n°s 342, 343) et qui autorisait ainsi le second acquéreur à exercer contre le premier acquéreur, de qui il tenait ses droits, la répétition de la différence, en donnait pour motif que ce dernier ne pouvait à aucun titre conserver le montant de cette différence, puisque, par suite de l'éviction subie par son acheteur, il était désormais sans cause entre ses mains.

Enfin une dernière opinion pense que la différence, soit en plus soit en moins, regarde toujours le second cessionnaire exclusivement : il est à supposer en effet que telle a été l'intention des parties qui, connaissant l'éventualité du retrait, ont voulu évidemment faire un acte aux risques et périls de celui qui aurait à l'encourir ; le premier cessionnaire en lui cédant son marché a entendu le lui céder à forfait, et ce serait revenir sur la cession que d'autoriser l'action en répétition du second acquéreur contre le premier (Demol : n° 111).

Cette controverse n'a pas d'intérêt pour nous, qui admettons dans tous les cas le remboursement du prix de la sous-cession ; mais il en ressort l'avantage qu'a notre système d'arriver directement et logiquement à cette dernière opinion, qui s'inspire de la vraie nature du retrait, en en reportant toutes les conséquences sur celui contre lequel il sera finalement exercé. C'est lui qui aura seul à y défendre, sans pouvoir appeler garant, puisque c'est le sort commun de quiconque achète une chose qu'il sait soumise au retrait ; c'est lui par conséquent qui devra seul être indemnisé de ce que lui a coûté le marché qu'on lui enlève.

Il peut se faire que le même individu se soit rendu cessionnaire des droits de plusieurs cohéritiers dans la même succession : il nous paraît que dans ce cas les autres cohéritiers ne pourront pas lui rembourser le prix des droits de l'un sans le prix des droits de l'autre, les cessions fussent-elles distinctes, car le but de la loi ne serait pas utilement rempli, l'étranger conservant pour les parts non retrayées le droit d'intervenir au partage. (Cass. 12 août 1868, Dev : 68. 1. 380).

Le prix doit être remboursé au cessionnaire évincé, de quelque manière qu'ait eu lieu sa libération envers le cédant, que ce soit par novation, confusion, compensation ou même remise de tout ou partie du prix. Si une partie des biens a péri, nous pensons que le retrayant doit rendre néanmoins tout le prix de la cession : il n'y a en effet qu'un seul marché, auquel le retrayant est subrogé directement et c'est à lui de voir, avant d'exercer le retrait, si l'opération lui sera ou non avantageuse.

Il profitera d'ailleurs, par le simple remboursement du prix, de toutes les augmentations fortuites du bien retrayé.

Quant à la manière d'exercer le retrait, il n'y a aucune difficulté si le cessionnaire ne résiste pas et que l'opération se fasse à l'amiable ; mais s'il y a lieu de recourir à la justice, on le pourra soit par voie d'action principale soit par voie d'exception : ordinairement l'héritier attend que le cessionnaire se présente au partage pour le repousser en vertu de l'art. 841.

Faut-il que des offres réelles accompagnent la demande en retrait? Pour l'affirmative on raisonne ainsi : le droit du retrayant est subordonné à une condition, celle du remboursement du prix de la cession, or c'est à celui qui a un droit conditionnel de prouver que la condition s'est accomplie ou qu'elle a manqué par le fait de l'adversaire (art. 1178), et dans notre hypothèse il ne pourra l'établir qu'en faisant constater officiellement la présentation des deniers ; s'il en était autrement la situation des parties ne serait pas égale puisque le cessionnaire serait dépouillé d'un droit payé par lui sans être sûr de rentrer dans ses déboursés. — La négative nous parait néanmoins préférable, parceque d'une part il semble impossible de subordonner l'exercice d'un droit à une condition que ne lui a pas assignée la disposition légale qui le confère, et d'autre part il se peut que le montant des restitutions à faire ne soit pas déterminé et demande une évaluation, ou bien qu'il reste ignoré du retrayant. Nous pensons donc que le seul fait de la manifestation d'une intention sérieuse d'user de la faculté de retrait, accompagnée de propositions de remboursement, suffit à l'accomplissement de la condition : du reste pour garantir les intérêts respectifs des parties, les tribunaux saisis de la demande pourront fixer un délai dans lequel le retrayant devra, à peine de déchéance, effectuer le remboursement. (Bastia 23 mars 1835 ; Cass. 5 févr. 1856, Dev : 56. 1. 671. Dans le même sens : Duranton t. VII n° 200 ; Duvergier, vente II. 385 ; Demol : n° 121).

II. — Nous avons maintenant à nous occuper du délai dans lequel l'action en retrait peut être exercée. Sur ce point comme sur beaucoup d'autres l'art. 841

est muet ; l'ancien droit ne nous renseigne pas davantage et les arrêts des Parlements, statuant à défaut de textes législatifs, sont d'une variété déplorable. Pour la clarté du sujet nous examinerons la question à trois époques distinctes, *avant*, *pendant*, et *après* les opérations du partage.

Que le retrait soit exercé avant le partage, cela va tout seul, c'est là sa place, c'est même l'hypothèse qui a dû entrer dans la prévision du législateur, puisque l'art. 841 donne justement pour objet à l'action d'écarter un étranger du partage. D'autre part, le partage une fois consommé, le retrait n'est plus possible, cela est certain et résulte du texte comme de l'esprit de la loi : l'étranger a été initié à tous les secrets de la famille, sa dépossession serait désormais sans objet. Mais que décider si une demande en nullité ou en rescision du partage a été formée ? La cession postérieure au partage attaqué serait-elle retrayable ? Chabot et Touiller distinguent suivant que l'étranger a acquis la part héréditaire après ou avant cette demande ; ils admettent le retrait contre lui au premier cas, en vertu de l'art. 841, comme aussi de l'art. 1699, puisque le partage déjà contesté rend l'acquisition litigieuse ; au second cas ils ne lui appliquent ni l'un ni l'autre de ces articles, attendu, disent-ils, qu'il est acquéreur non de droits successifs indivis, mais d'objets certains et déterminés composant le lot du cédant. (Chabot art. 841 n° 12) — Notre avis est au contraire que dans les deux cas, que la cession soit postérieure ou antérieure à la demande en nullité du premier partage, le cessionnaire sera passible du retrait : la loi permet qu'on l'écarte du partage, or c'est justement ce partage qu'on va faire, puisque le premier sera rétroactivement annulé et que le cédant, étant réputé n'avoir jamais eu qu'une portion héréditaire indivise, n'aura pu lui transmettre que cette portion. Toutefois si le cessionnaire a concouru aux opérations du partage attaqué, nous pensons qu'il ne pourra pas être écarté du nouveau partage, à moins que le retrayant n'ait pas figuré au premier : cela tient non seulement à ce que les motifs du retrait feraient ici défaut, mais aussi à ce que les cohéritiers ont renoncé à ce droit en admettant le tiers à partager avec eux ; le partage il est vrai est rétroactivement anéanti, mais cela ne peut rien changer à l'attitude prise par les copartageants et à la renonciation qu'on a été en droit d'en induire.

La question est beaucoup plus délicate pour la période intermédiaire : pendant les opérations du partage et avant qu'elles soient terminées peut-on encore exercer le retrait? On peut grouper sous trois systèmes principaux les nombreuses opinions divergentes que cette question a soulevées.

Premier système. — Le retrait n'est plus possible pendant les opérations du partage : cette opinion s'appuie d'abord sur le texte même de l'art. 841, qui en permettant d'écarter l'étranger du partage veut bien dire qu'on pourra ne pas l'y laisser entrer ; ensuite sur les motifs mêmes de la loi, puisqu'une fois admis l'étranger a a pu dès le premier moment occasionner le trouble ou scruter les affaires intérieures de la succession ; enfin sur la renonciation tacite au droit d'exercer le retrait, de la part de cohéritiers qui ont admis l'étranger aux opérations même préliminaires du partage, et sur la ratification implicite de la cession qui en est la conséquence directe. (Chabot n° 19 ; Toullier t. II. 448 ; Benoit n° 68).

Deuxième système. — La déchéance du retrait résulte de l'admission aux opérations définitives du partage, mais non de l'admission aux opérations purement préliminaires, telles qu'inventaire, levée de scellés etc... Il faut bien un certain temps aux cohéritiers pour connaître les dispositions du nouveau copartageant ; de plus les opérations préliminaires éclaireront les cohéritiers sur la valeur de la succession, et par cela même sur les inconvénients que pourra leur causer la présence d'un étranger. Cette réserve ne pourrait être interprétée comme une renonciation qu'autant qu'elle se maintiendrait après l'accomplissement des formalités préparatoires. (Bordeaux 28 juin 1844. Dev : 45. 2. 407.)

Troisième système. — Le retrait est possible tant que le partage n'est pas consommé : l'art. 841 permet d'écarter du partage, or un partage qui est seulement commencé est toujours à faire. De plus les cohéritiers ont pu jusqu'au dernier moment ignorer l'état réel de la succession, ils ont peut-être découvert un secret qu'ils veulent à tout prix cacher à l'étranger, ou bien encore celui-ci, qui jusque là avait fait preuve de dispositions conciliantes, entrave brusquement les dernières combinaisons du partage. Enfin on n'aurait pas le droit de mettre les cohéritiers en demeure de se prononcer avant la fin du partage sur une faculté que la loi leur confère sans aucune restriction. (Demol : n° 126 ; Marcadé art. 841-IV ; Duranton VII. 203. Cass. 14 juin 1820 ; Pau 14 fév. 1860, Dev : 61. 2. 113).

Nous repoussons sans hésitation le système intermédiaire qui a le tort de n'avoir pas de limite fixe et d'admettre des distinctions qui n'ont d'autre fondement que l'arbitraire. Appelé dès lors à nous prononcer entre le premier et le troisième système, nous reconnaissons que ce dernier est au moins logique dans ses déductions, puisqu'une fois qu'il a admis en principe la possibilité du retrait pendant le partage, il ne lui donne d'autre terme que le partage lui-même. Nous adoptons néanmoins le premier système, parce que c'est précisément ce principe-là que nous contestons, et si à cet égard les arguments déjà produits ne suffisaient pas, nous pourrions ajouter les considérations suivantes : la loi grève le cessionnaire étranger d'une présomption de chicane et de spéculation ; seulement en ouvrant aux cohéritiers la faculté de retrait, c'est à eux qu'elle laisse le soin de décider si cette présomption répond ou non à la réalité des faits : or peut-on raisonnablement supposer qu'un législateur prévoyant puisse les autoriser à admettre provisoirement cet étranger au partage et qu'ensuite il leur ménage le droit de le retraire à tout instant et à la moindre velléité de résistance ? Quelle position serait vraiment la sienne ! Cessionnaire de tous les droits que son auteur avait au partage, non-seulement il n'aurait pas la liberté de les défendre, menacé qu'il serait à tous moments de l'exercice du retrait, mais on voudrait encore que la loi autorise à les attaquer ceux-là mêmes qui sont ses concurrents au partage ! Non, un pareil résultat n'est pas celui voulu par la loi : c'est dès le début que les héritiers sont appelés à se prononcer, c'est à ce moment au plus tard qu'ils doivent ou non se prévaloir du retrait, et s'ils ne l'exercent pas, il est juste que le cessionnaire étranger soit admis au partage une fois pour toutes et puisse librement y défendre ses légitimes intérêts.

La faculté de retrait sera également fermée par la renonciation expresse ou tacite des cohéritiers. La renonciation est expresse quand le cohéritier prend, soit dans l'acte de cession soit depuis, l'obligation de ne pas exercer le retrait : c'est en vain qu'on objecterait qu'on ne peut déroger par des conventions particul ères aux lois qui intéressent l'ordre public, car le législateur a laissé au cohéritier le souverain droit d'apprécier s'il convient qu'il exerce le retrait ou qu'il y renonce. La renonciation est tacite quand l'ensemble des circonstances fait présumer la ratification de la cession, c'est-à-dire quand le cessionnaire a été traité comme un cohéritier ou qu'on l'a fait participer à des actes que la qualité d'héritier pouvait seule justifier. Pour nous, qui n'admettons le retrait que jusqu'au partage exclusivement, la question ne se pose pas depuis, et nous évitons ainsi les embarras dans lesquels tombent les partisans de l'opinion contraire, obligés de concilier cette question de fait avec le principe de droit qui à leurs yeux autorise le retrait tant que le partage n'est pas consommé.

Reconnaissance non équivoque de la qualité du cessionnaire dans un acte quelconque, tel est le criterium qui nous servira à appliquer la déchéance aux diverses hypothèses dans lesquelles nous reconnaîtrons ce caractère. Il en sera ainsi de la présence du cohéritier à l'acte de transport, à moins qu'elle ne soit justifiée par d'autres motifs, comme la présence du mari habilitant sa femme au contrat ; ou bien du traité par lequel les cohéritiers auraient acheté du cessionnaire tout ou partie des biens qui peuvent tomber dans son lot ; ou encore du compromis par lequel un héritier et le cessionnaire d'un autre héritier conféreraient à des arbitres le partage de la succession. On a jugé dans le même sens qu'une femme mariée, ap; elée au partage d'une succession comme cohéritière, est déchue du droit d'exercer le retrait contre un tiers cessionnaire de droits successifs d'un autre héritier, quand elle a vendu conjointement avec le cessionnaire, même sans l'autorisation du mari, un objet dépendant de la succession, et qu'elle a volontairement exécuté cette vente après le décès de ce dernier ; et quand ce tiers cessionnaire est le mari lui-même, la femme est encore déchue lorsqu'elle a donné à bail conjointement avec son mari et comme indivis entre eux, un immeuble dépendant de la succession, et cela sans qu'on puisse objecter qu'il fallait l'autorisation de justice, à ce cas en effet ne s'applique par la maxime : *Nemo potest auctor esse in rem suam.* (Montpellier 18 nov. 1853, Dev : 54. 2. 20). — Il y a plus de difficulté quand les cohéritiers ont eux-mêmes demandé l'exécution de la cession dans leur propre intérêt, par exemple si le cédant leur débiteur leur a délégué le prix dans cet acte : mais ici encore s'ils actionnent l'acquéreur en paiement du prix, on ne peut prétendre que l'exécution de la cession ne soit pas volontaire de leur part car ils avaient le choix entre la demande en exécution de l'acte et le retrait, ils ont choisi l'exécution, ils ont par là même renoncé au retrait : *electâ unâ viâ, non datur recursus ad alteram ;* peut-on même trouver une approbation plus énergique de la cession que le commandement de payer qu'ils adressent au cessionnaire ?

Par contre, nous ne trouverons pas une exécution spontanée de la cession, et partant une renonciation tacite au retrait, dans des faits qui n'ont pu dépendre de la volonté des intéressés : c'est ainsi que le fait de se présenter avec le cessionnaire à l'enregistrement pour payer les droits de mutation et d'en retirer une quittance unique ne constituera pas pour les cohéritiers une fin de non recevoir, car l'œuvre d'un tiers ne peut pas leur être opposée ; il n'en serait autrement que s'ils lui avaient fait sommation de venir acquitter les droits conjointement avec eux. De même la constitution d'un avoué commun pour repousser les prétentions d'un créancier héréditaire n'empêchera pas le retrait, car il s'agit d'un acte qui est contradictoire non entre les cohéritiers et le cessionnaire, mais entre ceux-ci et le créancier. La même solution s'impose naturellement si le cessionnaire avait à un autre titre, celui de mandataire du cédant par exemple, ou de mari de la femme cohéritière, le droit d'assister aux opérations nécessaires pour parvenir au partage (Cass. 15 mai 1833). Mais on conçoit qu'une reconnaissance purement verbale, une simple allusion à la cession faite dans une transaction intervenue entre le cessionnaire et l'héritier, mais sur des objets étrangers à la succession, ne suffiraient pas à établir une reconnaissance non équivoque de la qualité de cohéritier chez le cessionnaire.

Ce dernier caractère se retrouverait néanmoins dans l'admission du cessionnaire à un partage provisionnel, parce qu'en réalité ce partage est définitif quant aux fruits qu'il attribue et que du reste l'étranger a pu y prendre connaissance de toutes les affaires de la succesion, ce qui rendrait sans objet son éloignement du partage définitif.

D'ailleurs dans toutes ces questions c'est aux tribunaux de décider par l'appréciation des actes, des circonstances et de l'intention des parties, si les héritiers ont ou non tacitement renoncé à exercer le retrait successoral.

La loi, nous l'avons dit, ne fixe pas de délai pour l'exercice du retrait, qui peut avoir lieu tant que le partage n'est pas commencé : en conséquence l'action directe à fin de retrait n'étant qu'un attribut et une sorte d'annexe de l'action en partage durera autant qu'elle c'est-à-dire qu'elle sera imprescriptible, du moins tant que les choses resteront entières, de même que les cohéritiers pourront toujours user de l'exception si le cessionnaire veut faire valoir la cession.

SECTION IV

QUELS SONT LES EFFETS DU RETRAIT SUCCESSORAL ?

La théorie des effets du retrait successoral est certainement la plus délicate de toute la matière : on est loin en effet d'être d'accord sur la nature des rapports à établir entre les divers personnages qui y jouent un rôle.

Nous aurons à examiner les effets du retrait à un double point de vue : d'abord au respect du retrayant et du cessionnaire retrayé, ensuite au respect du retrayé et du cédant ; la nature des rapports du cédant et du retrayant résultera nécessairement de l'étude des deux premiers points.

I. Rapports du retrayant et du retrayé. — Pothier définissait le retrait le droit de prendre le marché d'un autre et de se rendre acheteur à sa place. Il y a substitution de personnes dans un même marché, et le cessionnaire, cessant d'avoir un titre pour retenir les biens qu'il a acquis, est tenu de les délivrer au retrayant auquel son titre est transféré par la loi ; à partir de ce moment il est réputé n'avoir jamais été propriétaire des droits cédés, et le retrayant est censé les avoir achetés directement au cédant : « *perinde* « *est ac si emisset ab ipso venditore*, disait Dumoulin, « *et primus emptor perinde habetur ac si non* « *emisset.* » Il n'y a pas revente ni rétrocession, il n'y a pas davantage annulation ni rescision du premier marché, lequel est maintenu de tous points ; il y a subrogation ou transport sur la tête du retrayant de l'achat fait par le retrayé, *legalis translatio de persona in personam*. Et s'il n'y a qu'un seul marché, qu'une seule vente, nous devons en tirer les conclusions suivantes :

1° Il n'y aura pas lieu de percevoir de nouveaux droits de mutation, mais simplement un droit de libération sur les sommes remboursées, ou un droit d'obligation sur celles que le retrayant s'oblige à payer ; nos anciens auteurs décidaient de même que l'exercice du droit de retrait ne donnait pas ouverture aux lods et ventes ni au droit de centième denier (Pothier, Des retraits n° 429, 442 et suiv.).

2° Une nouvelle transcription ne sera pas exigée, et le retrayant se trouvera complètement à l'abri pourvu que le retrayé ait fait transcrire sa cession. Troplong (De la transcr. n°s 246-8) exige il est vrai une nouvelle transcription, car, bien qu'il n'y ait qu'un contrat, il y a, dit-il, substitution d'nne personne à une autre, et le but de la transcription est avant tout de désigner la partie, c'est même sa seule utilité. Mais nous répondrons qu'il faut avant tout se conformer aux dispositions de la loi du 23 mars 1855, or nous n'avons pas devant nous un acte translatif de propriété, puisque la cession subsiste et que le retrayant y est rétroactivement subrogé ; au surplus le retrait est une faculté légale qui échappe à ce titre à l'art. 1er de cette loi. Il pourra se faire, nous le reconnaissons, que les tiers ignorent l'éviction des droits successifs du cessionnaire, mais il n'en est pas autrement à l'occasion du réméré on de la résolution amiable de la vente pour cause de non paiement du prix ; la loi, qui ne pouvait tout prévoir, n'a pas même édicté de mention dans ces cas - là et il ne nous est pas permis d'innover à cet égard. Seulement si le retrayant est obligé de requérir un jugement qui tienne le retrait pour accompli, nous tombons alors sous le coup de l'art. 4 de la même loi, qui prescrit à l'avoué à peine d'amende de faire mentionner en marge de la transcription de l'acte originaire le jugement constatant la résolution du droit du premier acquéreur.

3° Les hypothèques, servitudes ou autres droits réels que le retrayé aurait pu constituer au profit de tiers sur les biens compris dans la cession, seront résolus en vertu de la maxime: *Resoluto jure dantis resolvitur jus accipientis*. Il en serait de même de la subrogation au privilége du vendeur faite par l'acquéreur au profit d'un prêteur de deniers, car étant réputé n'avoir jamais pris aucune part au contrat le retrayé n'a pu y subroger personne. Les hypothèques sont résolues tant au respect des créanciers qu'au respect du retrayant et il en résulte que le prix remboursé rentrera comme valeur mobilière dans le patrimoine du cessionnaire, qu'il deviendra le gage commun des créanciers et que s'il y a lieu il leur sera distribué à tous au marc le franc. Disons d'ailleurs que de tels droits seront rarement constitués en pratique, car indépendamment de l'effet résolutoire du retrait il sont soumis à l'effet déclaratif des partages prononcé par l'art. 883.

4° Le retrait fera revivre les droits que le retrayé pouvait avoir contre la succession comme ceux que la succession pouvait avoir contre lui, et la confusion qui paralysait les uns et les autres sera anéantie. *Reliqua in pristinum statum restitui debent*, disait Dumoulin.

5° Si l'on admet qu'entre le retrayé et le retrayant la subrogation est complète, *in omnibus et per omnia*, on devra conclure que ce dernier, ayant les charges, aura aussi tous les bénéfices, et qu'il profitera des avantages qui ont pu se réaliser dans l'intervalle de la cession à l'exercice du retrait, comme l'extinction de la rente-viagère qui constituait le prix de la cession, ou la découverte d'un testament révoquant des legs, faits dans des dispositions antérieures qu'au moment de la cession on croyait obligatoires (Amiens 13 mars 1806 et Cass. mêmes parties, 1er déc. 1806. Dev : 1806. 2. 948. Chabot n° 24).

Le principe de la subrogation rétroactive du retrayant au retrayé a été admis par la doctrine et par la jurisprudence, mais le même accord ne s'est pas rencontré sur l'étendue d'application et sur les conséquences qu'il convenait d'attribuer à ce principe. On a discuté notamment le point de savoir si cette rétroactivité produisait ses effets vis-à-vis des ayant cause soit du retrayant soit du retrayé.

A l'égard des ayant cause du retrayant, il y a un grand interêt à décider si le retrait fait acquérir à celui-ci la propriété des biens cédés *ut ex tunc*, c'est-à-dire du jour où la cession à laquelle il est subrogé a été consentie, ou bien *ut ex nunc*, c'est-à-dire du jour seulement où il a exercé le retrait. Voici par exemple une femme, cohéritière dans une succession non encore partagée, qui se marie sous le régime dotal avec constitution de tous ses biens présents ; elle exerce ensuite le retrait contre une cession consentie avant le mariage par un de ses cohéritiers : les biens en provenant seront-ils dotaux en vertu de la constitution de biens présents, ou paraphernaux comme n'ayant commencé à lui appartenir que depuis le mariage ? En validant la donation que cette femme avait faite des biens à provenir du retrait, la Cour de cassation s'est prononcée dans ce dernier sens (Cass. 31 mai 1859. Dev : 59. 1.

662) ; M. Demolombe, n° 147 bis, adopte aussi cette solution et il en donne pour motif que certainement la constitution dotale n'a pas pu comprendre les biens cédés eux-mêmes qui n'appartenaient pas à la femme tant qu'elle n'avait pas exercé le retrait, qu'avant le mariage la femme n'avait à sa disposition que la faculté de retrait, laquelle n'est pas un bien qui soit dans le patrimoine des cohéritiers; ce n'est ni un meuble ni un immeuble, ce n'est qu'une offre faite par la loi, offre qui ne constituera un droit quedès le moment qu'on l'aura acceptée ; et cela est si vrai qu'une loi nouvelle pourrait très-bien la retirer depuis l'ouverture de la succession et même depuis la cession : il ne faut donc y voir qu'une faculté légale non susceptible de constitution dotale et par suite les biens en provenant ne sauraient être réputés provenir d'un titre antérieur dans les rapports du retrayant avec ses propres ayant cause. — Tous ces arguments ne peuvent prévaloir à notre avis contre l'idée que la subrogation, qui est nécessairement l'opposé de la rétrocession, implique contrairement à celle-ci rétroactivité au jour du contrat. On reconnaît avec nous que les droits consentis par le retrayé sont résolus : qu'est-ce à dire, sinon que le retrayé est rétroactivement éliminé, comme s'il n'avait jamais été propriétaire? Et s'il en est ainsi il faut bien cependant que dès le jour de la cession les droits aient appartenu à quelqu'un, or qui a pu en être le propriétaire si ce n'est la femme retrayante, qui est réputée avoir été elle-même directement cessionnaire du cédant? Par conséquent la constitution dotale de biens présents a dû forcément comprendre les droits successifs cédés antérieurement, et la donation des biens retrayés, postérieure au mariage, sera nulle comme portant sur des biens dotaux.

La rétroactivité de la subrogation produit-elle aussi ses effets vis-à-vis des propres ayant cause du retrayé? Un acheteur de droits successifs dans une hérédité purement immobilière se marie sous le régime de la communauté : s'il était admis au partage sans retrait, les immeubles qui formeraient son lot lui resteraient propres ; mais si on exerce contre lui le retrait, la somme qu'on lui remboursera tombera-t-elle en communauté? Persévérant dans notre opinion nous pensons que, puisque le retrayé est censé n'avoir jamais rien acquis, la somme remboursée n'a jamais pu représenter des droits successifs et que dès lors elle ne doit pas lui rester propre. — Le même interet se présente dans une autre hypothèse : Un acheteur de droits successifs dans une succession purement immobilière meurt, laissant un légataire des meubles et un légataire des immeubles ; si le retrait est ensuite exercé, quel est le légataire qui aura droit au prix remboursé? Pothier, regardant comme un pure fiction le principe qui fait tenir directement au retrayant l'héritage du vendeur, soutenait que le prix devait aller avec les immeubles : de même que dans les substitutions les biens ne passent au substitué que par le canal du grevé, de même ici les biens ne passent au retrayant que par le canal du retrayé, qui jusqu'au retrait est le vrai propriétaire ; celui-ci en mourant laisse un immeuble, il ne peut pas laisser une créance puisqu'elle n'est née qu'au retrait c'est-à-dire après son décès, le retrayant n'a pu par suite contracter l'obligation de rembourser le prix qu'envers le légataire des immeubles qui subit le retrait comme propriétaire. — Ici encore nous croyons que le prix remboursé doit suivre le sort des meubles : le retrayé est en effet rétroactivement dépouillé de la propriété qu'il a paru acquérir, le prix qu'il reçoit n'est donc pas la représentation de l'immeuble, il recouvre tout simplement par une sorte de *condictio indebiti* des deniers qu'il a mal à propos déboursés.

Et qu'on ne dise pas que la créance du prix est née du retrait et qu'elle n'existait pas au décès du *de cujus* : elle était dès le principe de la vente subordonnée à la réalisation du retrait, or une créance conditionnelle est certainement un bien réel et transmissible ; le prix appartient donc à celui qui l'a indûment payé ou à son représentant, qui est le même que pour les autres droits mobiliers, le légataire des meubles.

II. Rapports du cédant et du cessionnaire retrayé. — La question qui domine ce sujet est celle de savoir si le retrait a pour effet de substituer complètement le retrayant au retrayé au point de dégager ce dernier de toutes ses obligations envers le cédant, ou si au contraire il y a lieu de considérer le retrait comme se passant uniquement entre le retrayé et le retrayant et ne produisant aucun effet vis-à-vis du cédant, pour lequel il serait *res inter alios acta*, et de déclarer par suite que le cessionnaire reste l'obligé de son cédant.

On comprendra tout l'intérêt de la question si on suppose que le cessionnaire n'a pas encore payé intégralement son prix au moment du retrait, ou que ce prix consiste soit dans une rente perpétuelle soit dans une rente viagère : pour ceux qui admettent que le retrayé disparaît *erga omnes* du marché, le cédant n'a plus d'action à exercer contre le cessionnaire et le retrayant est devenu son unique débiteur ; si l'on admet au contraire que le retrait est *res inter alios acta* pour le cédant, le retrayé reste toujours débiteur de celui-ci, sauf à se faire indemniser du retrayant.

La controverse existait déjà dans l'ancien droit où Tiraqueau et Grimaudet son disciple se prononçaient dans le premier sens, et où Pothier et Dumoulin prenaient parti pour la dernière opinion. De nos jours M. Labbé (Revue crit. t. VI. p. 142) et Mourlon (Revue prat. t. IX p. 2 11) ont repris la thèse de Tiraqueau et l'ont vivement défendue dans de brillantes dissertations. Le retrait, disent-ils, produit un effet absolu, l'acheteur devient complètement étranger au contrat, le retrayant est censé tenir ses droits de première main du vendeur; qu'en résulte-t-il sinon que le premier acheteur n'est plus tenu d'aucune obligation envers son vendeur, et que par contre il perd tous les droits qu'il avait contre lui ? On veut que le cessionnaire reste débiteur du vendeur, mais à quel titre ? Parce qu'il a acheté ? Mais dire qu'il a acheté, c'est admettre deux opérations successives, c'est ruiner toute la théorie du retrait ! Si l'on reconnait que le retrait éteint le droit du premier acheteur, ce doit être pour le passif aussi bien que pour l'actif ; l'obligation de payer le prix doit s'éteindre dans sa personne avec la cause qui l'avait fait naître ; dépouillé de ses droits, il doit l'être de ses obligations ! Vainement objecterait-on que la libération complète du cessionnaire peut porter préjudice au cédant qui avait compté sur la bonne foi de son acquéreur: le cédant n'est-il pas lui-même en faute quand il introduit un tiers dans les affaires de la famille, et s'il le fait n'a-t-il pas dû prévoir les conséquences bonnes ou mauvaises qui pourraient en résulter pour lui ? Il a dû savoir en contractant avec le cessionnaire qu'une volonté supérieure à la leur, celle de la loi, autoriserait la substitution d'un tiers au débiteur de son choix: c'était pour ainsi dire une clause tacite insérée dans la cession, absolument comme il est entendu dans une donation qu'elle est éventuellement révocable, réductible ou rapportable. Au surplus on n'enlève pas au cédant la faculté qu'il a de reprendre sa propriété s'il n'est pas intégralement payé.

La gravité de toutes ces raisons est loin de nous échapper et nous serions tenté de résoudre la question dans le même sens, si, comme nous allons le voir, elle ne mettait pas en jeu de nouveaux principes qui sont aussi à respecter et qui nous déterminent à donner la préférence au système de Pothier et de Dumoulin. « *Emptor remanebit obligatus venditori* » disait celui - ci, et Pothier en reproduisant l'opinion de son savant devancier (Des Retraits nº 300) y ajoutait cette raison décisive : « Le vendeur n'étant pas garant du « retrait, l'acheteur étant censé s'être chargé d'en « courir le risque, le retrait ne peut donner à l'ache- « teur sur qui il est exercé aucune action contre le « vendeur pour l'obliger à se décharger de son obliga- « tion. Le vendeur se trouve donc dans la règle « générale qui ne permet pas qu'un créancier puisse « être obligé malgré lui de changer de débiteur, « quelque caution qu'on lui offre. » Cette opinion a donc pour elle l'autorité historique, à moins qu'on ne conteste que l'avis de Dumoulin et de Pothier doive prévaloir sur celui de Grimaudet ou de Tiraqueau ; n'est-il pas à présumer que le Code a dû suivre le sentiment de l'illustre jurisconsulte dont il a si souvent adopté les dispositions ? On peut invoquer aussi le texte même de la loi : l'art. 841 ne met en effet en scène que le retrayant et le retrayé, il ne dit pas mot du cédant qui reste étranger à l'opération ; l'y faire intervenir serait donc dénaturer le retrait. Une obligation a été contractée entre le cédant et le cessionnaire, elle doit être exécutée par celui-ci, qui est seul connu du vendeur : le retrait n'opère pas en effet novation par changement de débiteur et dès lors le cessionnaire retrayé doit rester débiteur du cédant, puisqu'il est de principe qu'un créancier ne peut pas être obligé malgré lui de changer de débiteur (art. 1275). Le cédant a eu confiance dans l'homme qu'il a choisi, et l'on voudrait que la loi qui ne soupçonne que le cessionnaire, qui ne dirige le retrait que contre lui, ait eu l'intention de sanctionner un résultat aussi grave à l'encontre d'une personne qu'elle évite même de nommer ! S'il en était ainsi, si l'on devait admettre la substitution de débiteur, il faudrait logiquement en conclure que les sommes payées par le cessionnaire l'auraient été indûment et devraient par suite être répétées ; or est-ce ainsi que notre article présente la situation ? Pas le moins du monde ; il établit des relations entre le retrayant, et le retrayé, il n'en suppose pas entre le retrayant et le cédant ; il ne parle pas de répétition du cessionnaire contre son cédant, mais au contraire de remboursement à faire au cessionnaire, ce qui suppose bien que ce dernier n'a pas de répétition à exercer. La cession tient donc à l'égard du cédant et cela est si vrai que si elle a eu lieu par voie d'échange on est obligé de reconnaître que le retrayé ne reprendra pas les équivalents, qu'ils resteront au cédant et qu'il n'en recevra que la valeur estimative : or n'est-il pas certain que si par l'effet de la subrogation le cessionnaire disparaissait complètement de la scène vis-à-vis de son vendeur, les choses se passeraient tout autrement ? On invoque l'équité, qui s'oppose, dit-on, à ce que le retrayé dépouillé de ses droits ne le soit pas de ses obligations : serait-il plus juste de sacrifier le vendeur ? Ce n'est cependant pas contre lui que le retrait est dirigé, ce n'est pas à lui que la loi suppose de mauvaises intentions, c'est bien au retrayé, qui n'ignorant par l'art. 841, s'est soumis lui-même aux charges du contrat : ces charges ne sont pas d'ailleurs fort lourdes, puisque la loi a eu soin qu'à côté du mal il trouve le remède, une indemnité complète (V. en ce sens : Dissert. de M. Brives-Cazes, Rev. de législ. 1851. t. I p. 69 seq. ; Aubry et Rau ; Demol : n° 143. Cass. 7 janv. 1857, Dev. 57. 1. 369.)

D'après ce dernier système, le retrait n'opérant pas novation, le cessionnaire retrayé demeure donc toujours le débiteur personnel et le seul débiteur du cédant : le cédant n'a aucune action directe contre le retrayant, et par suite le cessionnaire restera tenu même après le retrait soit de servir les arrérages de la rente qui aurait été stipulée comme prix, sauf son recours contre le retrayant, soit d'acquitter ce qui resterait à payer du prix. Seulement le cohéritier qui exerce le retrait pourra, en payant directement et intégralement le cédant, obtenir la décharge du cessionnaire, décharge qui le libérera envers le retrayé dont il est le débiteur et qui est débiteur lui-même du cédant : le créancier ne pourrait pas d'ailleurs s'y refuser, car l'art. 1236 l'oblige à accepter le paiement qui lui est fait par un tiers, pourvu qu'il soit intégral. C'est dans le même ordre d'idées que par arrêt du 24 juillet 1850 (Dev : 55. 2. 214) la Cour de Bordeaux a décidé que le cédant avait pu valablement refuser de la part d'un coretrayant sa part héréditaire dans le prix de cession.

Mais si le cessionnaire retrayé reste ainsi le débiteur personnel et exclusif de son cédant, la loi commande que le retrayant le rende, sous ce rapport comme sous tous les autres, complètement indemne. On s'est alors demandé en quoi devait consister cette indemnité, lorsque l'obligation contractée par le cessionnaire envers le cédant était à terme et que le terme n'était pas échu ?

Une première opinion, suivie par Pothier et soutenue de nos jours par Mourlon (Rev. prat. t. IX 1860, p. 246 et suiv.), refuse au retrayant le droit de jouir du bénéfice des termes stipulés au profit du cessionnaire et courant encore lors de l'exercice du retrait. Accorder un délai pour le paiement d'une dette, dit-on, c'est suivre la foi du débiteur, c'est faire acte de confiance personnelle et il n'appartient à personne, en se substituant à ses obligations, de revendiquer le bénéfice d'avantages accordés à lui seul et par des considérations toutes personnelles. De plus le cessionnaire ne peut être soumis au retrait qu'à la condition de demeurer indemne : ce ne serait pas le rendre indemne que de le laisser sous le coup des poursuites du cédant, lors même que le retrayant lui offrirait caution. La condition exigée par la loi ne sera remplie que si ce dernier paye immédiatement le prix sinon au retrayé lui même, du moins au cédant au nom et à l'acquit du cessionnaire, c'est-à-dire s'il lui procure sa libération actuelle et immédiate.

Nous pensons au contraire, avec un second système, que le retrayant doit jouir des termes qui ont été accordés au retrayé : par le retrait celui-ci prend le marché tel qu'il est, avec ses charges, partant avec ses bénéfices ; ce serait changer illégalement le contrat que d'exiger le remboursement immédiat, puisque le retrayant, devant actuellement ce que le retrayé ne doit qu'à terme, serait plus durement obligé que celui-ci, cela ne peut être : *plus enim debetur tempore.* L'art. 841 exige le remboursement immédiat, c'est vrai, mais du déboursé, cela va de soi, et non de ce qui peut être encore dû; cet article suppose d'ailleurs le *quod plerumque fit,* c'est-à-dire le prix déja payé. Est-il besoin d'ajouter qu'au moins dans deux cas, lorsque le terme a été stipulé en faveur du créancier ou que le prix consiste en une rente viagère, les partisans du premier système sont obligés de se rallier à notre solution?

Faut-il cependant que le cessionnaire retrayé, qui reste débiteur personnel du cédant, demeure exposé aux chances d'insolvabilité du retrayant, soit dans la période qui s'étend de l'exercice du retrait à l'échéance des termes où le paiement devra être fait au cédant, soit même pendant toute la vie de celui-ci dans le cas où le prix de la cession consisterait dans une rente viagère? La Cour de Dijon, poussant les choses à l'extrême, avait jugé que le retrayant avait le droit absolu de jouir des termes concédés au retrayé par l'acte de cession, sans être tenu de lui fournir ni caution ni aucune autre garantie : « Le retrayant, disait-elle, « n'a aucune autre condition à subir que celle que le « retrayé lui-même s'est imposée, et fût-il insolvable, « on ne pourrait lui refuser encore l'exercice d'un « droit que la loi assure à son titre d'héritier... » (6 déc. 1854). C'est à bon droit que cette décision a été cassée par la Cour Suprême le 7 janvier 1857 (Dev: 57. 1.369) : le retrayé ne serait pas indemnisé, comme le veut la loi, si on le laissait exposé aux chances de perte résultant de l'insolvabilité possible du retrayant à l'expiration des délais dont il est autorisé à jouir. En définitive le cessionnaire reste débiteur à terme du cédant en même temps qu'il devient créancier à terme du retrayant; mais pour qu'il n'ait pas à se plaindre de l'obligation qu'on fait peser sur lui jusqu'à l'échéance du terme, il devra être indemnisé de ce chef au moyen de sûretés lui garantissant le remboursement des sommes qu'il aura à payer ultérieurement ; à cet égard les juges détermineront la caution qui devra lui être fournie : *data idonca cautione de solvendo in termino,* disait Dumoulin.

Au point où nous sommes arrivés, il nous sera facile de résoudre la question de savoir si le cessionnaire évincé par le retrait a ou non un recours en garantie contre son vendeur. La négative nous paraît certaine : le retrayé a assumé en effet les risques du marché qu'il contractait, « *emendo se subjecit oneri retractus.* » disaient nos anciens auteurs ; il a dû connaître les chances d'éviction auxquelles la loi le soumettait, il serait donc mal venu à se retourner contre son vendeur. Il y a mieux : l'éviction, qui engendre la garantie, suppose la vente de la chose d'autrui, or ce n'est pas ici le cas, c'est la loi qui prononce l'expropriation du cessionnaire, et en principe la garantie n'est pas due de vendeur à acheteur à raison des causes d'éviction légales et inhérentes au contrat que l'on fait. Nous trouvons même là une raison de plus pour nous en tenir au système qui fait survivre au retrait les obligations du cessionnaire envers le cédant : que serait en effet la demande que ferait le retrayé d'être dégrevé de l'obligation de payer le prix au cédant et d'en voir charger le retrayant, sinon une action en garantie ?

III. Rapports du cédant et du retrayant. — — Après tout ce qui précède, quelques mots suffiront pour indiquer quelles sont les relations du cédant et du retrayant. Ces relations sont bien indirectes, puisque l'art. 841 ne les met pas en présence et que nous avons essayé de démontrer que le cédant conserve son cessionnaire pour débiteur. Le cédant, pour lequel le retrait est *res inter alios acta*, n'a aucun recours direct contre le retrayant s'il n'est pas payé du cessionnaire, mais rien ne lui enlève son privilége sur les immeubles vendus (art. 2103), et le retrayant tiers détenteur a par suite tout intérêt à lui payer directement le prix de la cession, s'il veut éviter l'éviction.

Constatons aussi, en terminant, que l'art. 1166 confère au besoin au cédant le droit d'agir contre le retrayant débiteur de son débiteur, sauf bien entendu à en partager dans ce cas le profit avec les autres créanciers du cessionnaire retrayé.

Nous voici au bout de notre tâche : il est bon de jeter un coup d'œil sur le chemin que nous avons parcouru et d'examiner si l'institution que nous venons d'étudier présente ou non une utilité véritable.

Le retrait successoral a eu ses détracteurs : on s'est complu à y voir un obstacle sérieux à la stabilité des conventions, une atteinte profonde portée au droit de propriété et à la liberté des engagements. On a reproché au législateur une mesure qui autorisait la recherche de l'origine des biens, proscrite d'autre part comme nuisible à leur circulation. On a invoqué les nombreux moyens de fraude qui sont à la portée de quiconque veut échapper aux conséquences rigoureuses du retrait, et qui en paralysent si souvent l'exercice entre les mains des cohéritiers. La présomption de la loi, a-t-on ajouté, est souvent contraire à la réalité des faits ; la cession pouvait avoir les motifs les plus respectables, et cependant on va lui préférer même dans ce cas un prétendu intérêt de famille, souvent empreint lui aussi d'un esprit de vile spéculation ! On veut protéger les intérêts de la famille, mais on ne craint pas de léser ceux de l'héritier qui, désireux de se procurer des ressources pécuniaires, attendues peut-être par le besoin, ne trouvera, en présence d'une éventualité aussi redoutable, que des cessionnaires à vil prix! On veut encore prévenir les chicanes que des spéculateurs avides apporteraient dans les opérations du partage, mais ne voit-on pas trop souvent aussi les parents eux-mêmes donner le spectacle de dissensions intestines? Et pour tous ces motifs ne serait-on pas en droit de se demander si cette institution, établie précisément en vue d'éviter les procès, n'en fera pas plus naître qu'il n'y en aurait eus sans elle?

Nous sommes loin de méconnaître la gravité de ces critiques, mais nous pensons néanmoins que le retrait successoral se justifie suffisamment par son utilité. Il compte dans cette grande famille des retraits qui peut revendiquer une origine des plus anciennes : la loi mosaïque admettait déjà la parenté comme cause de préférence pour l'achat des héritages et leur maintien dans la famille ; nous en trouvons aussi des traces dans le droit romain ; puis nos anciennes coutumes consacrent à leur tour cette institution, dont le type est le retrait lignager qui accorde aux parents du vendeur d'un immeuble le droit d'obliger l'acquéreur étranger à le leur délaisser à charge d'indemnité ; dès 1613 on applique une mesure semblable aux droits successifs, par analogie des règles relatives aux droits litigieux ; un arrêt du 24 août 1738 vient confirmer sur ce point le droit des cohéritiers, et depuis, ce droit règne sans conteste jusqu'au moment où il passe à titre de disposition législative dans le Code de 1804 où nous le retrouvons aujourd'hui.

A côté de l'autorité historique on peut faire valoir en

faveur du retrait de puissantes considérations. Il n'est guère possible de voir d'un bon œil l'étranger qui vient se substituer à un cohéritier et pénétrer dans une famille avec le consentement d'un seul de ses membres : pourquoi n'attend-il pas l'issue du partage pour faire son acquisition sur des biens qui seront alors la propriété exclusive du cédant? S'il préfère traiter avant le partage, y a-t-il témérité à lui supposer un esprit de lucre peu compatible avec l'esprit de conciliation et de confraternité qui doit présider à de telles opérations? Et s'il en est ainsi, pouvait-on accorder à un seul membre de la famille le droit de jeter dans le partage un brandon de discorde, en y faisant pénétrer un tiers dont l'intervention entravera presque toujours les arrangements amiables et les concessions réciproques que le lien du sang peut seul faciliter, et qui ne reculera devant aucun procès, s'il a l'espoir que ses droits en sortiront augmentés? Le Code, qui a cru devoir admettre le retrait litigieux, devait logiquement admettre aussi le retrait successoral ; l'immixtion des étrangers dans les partages était même beaucoup plus à craindre que l'acquisition par eux de droits litigieux : l'éloignement des héritiers, leur désir d'éviter les embarras ou les longueurs d'une liquidation, le besoin d'argent qui peut rendre souvent cette attente difficile, facilitent malheureusement le succès de ce genre d'industrie, qui consiste à trafiquer, dans un but de spéculation, sur les droits incertains et non liquides d'une succession à partager. Sans doute la présomption de mauvaise foi que la loi fait peser sur ce genre de cessions portera quelquefois à faux, mais il fallait prendre une mesure générale et absolue si l'on voulait être sûr d'atteindre toujours le but cherché. La libre circulation des biens sera entravée pendant un certain temps, nous le voulons bien, mais ce n'est pas encore là l'inconvénient le plus grave qu'offre l'état d'indivision, et la résolution rétroactive des droits réels, sur les lots échus à d'autres qu'au constituant, n'est-elle pas encore plus préjudiciable aux tiers? — C'est une expropriation forcée, nous dit-on: mais l'étranger, qui n'ignorait pas l'art. 841, avait un moyen de s'y soustraire, c'était de ne pas faire le marché; s'il a accepté cette situation, malgré le danger qui le menaçait, il est juste qu'il en coure tous les risques. Il sera facile il est vrai d'éluder le retrait, mais nous avons eu soin de réserver aux cohéritiers le droit de prouver la fraude par tous moyens, peut-on exiger davantage? Il en résultera des procès, nous en convenons encore, mais il n'est pas le moins du monde démontré que l'admission libre des étrangers au partage eût mieux contribué à en tarir la source, que le mal eût encore mieux valu que le remède. — Enfin si on nous oppose l'esprit de lucre qui peut animer les cohéritiers retrayants aussi bien que les tiers, ne pouvons-nous pas répondre que, tandis que le cessionnaire étranger pourra consentir le marché librement et sans entraves, du moins le membre de la famille, qui voudra exercer le retrait, sera soumis au contrôle de ses cohéritiers qui, jusqu'au retrait prononcé, pourront demander à en partager le profit? Et en définitive, le retrait successoral n'aurait-il qu'un effet préventif, celui d'éloigner de pareils marchés des spéculateurs avides, par la menace d'une éviction, nous croyons qu'il aurait assez fait pour justifier amplement son utilité et pour racheter, par le maintien de la paix et de l'union dans les familles, l'atteinte qu'il paraît porter au droit de propriété et à la liberté des conventions.

POSITIONS

DROIT ROMAIN

I. — Lorsqu'un cohéritier du vendeur fait défaut depuis la vente d'hérédité, la part accrue profite à l'acheteur.

II. — Si, après avoir vendu l'hérédité, le vendeur succède à un débiteur héréditaire, il doit compte de la dette à son acheteur, nonobstant la confusion : mais c'est par l'action *empti*, spéciale au contrat entre eux intervenu, et non par l'action originaire que ce dernier devra en poursuivre le recouvrement contre l'héritier.

III. — La simple connaissance de la cession ne suffit pas en principe, sans la *denuntiatio*, à engager la responsabilité du débiteur cédé qui, depuis la cession, a traité avec le cédant.

IV. — Les Romains n'ont pas connu le retrait successoral, tel qu'il a été admis par l'art. 841 du Code civil.

DROIT CIVIL

I. — La cession de droits successifs, consentie entre cohéritiers, n'équivaut à un partage et n'en produit les effets, que si elle met complètement fin à l'indivision.

II. — Celui qui cède ses droits successifs ne doit pas au cessionnaire la valeur des objets héréditaires qu'il a donnés à un tiers avant la cession.

III. — Le cohéritier qui exerce le retrait après plusieurs cessions successives des mêmes droits héréditaires, doit rembourser le prix de la dernière cession.

IV. — La substitution du retrayant au retrayé n'est pas opposable au cédant, qui conserve ses droits contre le cessionnaire.

DROIT CRIMINEL

I. — L'immunité de l'art. 380 du Code pénal profite à celui qui s'est rendu complice du vol dans les termes de l'art. 60.

II. — Le duel n'est pas puni par nos lois pénales.

DROIT CONSTITUTIONNEL

I. — Des trois pouvoirs de la constitution anglaise, Royauté, Chambre des Lords, et Chambre des Communes, c'est ce dernier qui a la prépondérance.

II. — Les protestations adressées à la Chambre contre l'élection de députés peuvent donner lieu à des poursuites en diffamation devant les tribunaux, si les faits qu'elles contiennent portent atteinte à l'honneur.

Vu par le président de la thèse,

MABIRE.

Vu :

Lyon, le 14 mai 1881.

Le Doyen de la Faculté,

E. CAILLEMER.

Permis d'imprimer,

Lyon, le 16 mai 1881.

Le Recteur,

E. CHARLES.

TABLE DES MATIÈRES

DROIT ROMAIN

Pages

INTRODUCTION 1

CHAPITRE I. Quelle hérédité peut-on vendre?. 8

CHAPITRE II. Quels sont les effets de la vente d'hérédité *inter partes?* 11

§ 1. Des obligations du vendeur 11

I. Obligation de délivrance 12

II. Obligation de garantie 19

III. Confusion 21

IV. Vente d'une hérédité simplement déférée 23

V. Sanction 23

§ 2. Des obligations de l'acheteur 25

CHAPITRE III. Quels sont les effets de la vente d'hérédité à l'égard des tiers? 31

I. Dettes héréditaires 31

II. Créances héréditaires. 33

III. Pétition d'hérédité. 43

IV. Action *familiæ erciscundæ*. . . . 46

V. Le retait successoral existait-il à Rome? 47

DROIT FRANÇAIS

INTRODUCTION 51

CHAPITRE I. De la nature de la cession de droits successifs. 53

§ 1. Caractères de la cession de droits successifs 54

Pages

I. Nature de la cession. 54

II. Cession entre cohéritiers 57

III. Cession à un tiers 70

§ 2 Quand peut avoir lieu la cession de droits successifs? 75

§ 3 Par qui et à qui peut-elle être faite?. . 86

CHAPITRE II. Des effets de la cession *inter partes*. . . . 90

§ 1. Des obligations du cédant 90

I. Délivrance. 92

II. Garantie 100

§ 2. Des obligations du cessionnaire . . . 108

CHAPITRE III. Des effets de la cession à l'égard des tiers. 110

CHAPITRE IV. Des causes de nullité, rescision ou résolution d'une cession de droits successifs 122

CHAPITRE V. Du retrait successoral. 128

Section I. Contre qui et par qui peut-il être exercé. 131

Section II. Des cessions qui sont sujettes au retrait. 149

Section III. Des conditions et du délai dans lequel il peut être exercé . . . 160

Section IV. Des effets du retrait successoral. 178

I. Rapports du retrayant et du retrayé 178

II. Rapports du cédant et du retrayé 184

III. Rapports du cédant et du retrayant 191

CONCLUSION 192

Tournon, imprimerie J. Parnin.

www.ingramcontent.com/pod-product-compliance
Ingram Content Group UK Ltd.
Pitfield, Milton Keynes, MK11 3LW, UK
UKHW020951230726
13923UKWH00007B/255